스탠리 하우어워스와의 대화

신앙이 의미를 잃은 세상에서 신앙인으로 살아가는 법

In Conversation: Samuel Wells and Stanley Hauerwas

스탠리 하우어워스와의 대화

신앙이 의미를 잃은 세상에서 신앙인으로 살아가는 법

스탠리 하우어워스, 새뮤얼 웰스 지음

민경찬, 윤혜림 옮김

비아

| 차례 |

일러두기

· 역자 주석의 경우 *표시를 해 두었습니다.
· 단행본 서적이나 잡지, 신문의 경우 『 』표기를, 논문이나 글의 경우 「 」,
 음악 작품이나 미술 작품의 경우 《 》표기를 사용했습니다.

들어가며

스탠리 하우어워스 Staney Hauerwas 이 '대화'를 준비하면서 샘(새뮤얼 웰스)과 이야기한 게 있습니다. 지금까지 거리에서 유세 연설하듯 했던 이야기와는 다른 이야기를 해보자고 말이지요. 이를테면 "(미국이 주도하는) 근대성Modernity은 이야기가 없을 때 선택한 이야기 외에는 다른 어떤 이야기도 해서는 안 된다고 생각하는 이들을 낳는 프로젝트다" 같은 주장은 여기서 하지 말자고 했습니다.*
그보다는 우리가 지금까지 생각하지 않았던 점들에 관해 이야기를 나누려 애썼는데, 그렇게 보이나요?

모린 크누센 랭더크 Maureen Knudsen Langdoc 물론이죠. 많은 사람이 선생님

---

   * 스탠리 하우어워스가 2010년 10월 16일 『가디언』The Guardian에 기고한 「아메리카의 신앙은 얼마나 진짜인가?」How real is America's faith?에 나오는 표현이다.

이 인종 문제에 대해 좀 더 이야기해 주기를 바랐잖아요. 이번에 그 이야기를 듣게 되어서 좋았습니다. 웰스 신부님과 성性에 대해 나눈 대화도 흥미로웠고요. 두 분이 그 주제로 대화를 나눌 거라고는 전혀 예상하지 못했거든요. 무엇보다 흥미로웠던 점은 두 분이 서로에게 질문을 던질 때였어요. 자신의 논리를 이어가면 어떠한 결과를 낳을지 생각해 보도록 밀어붙이는 모습이 인상적이었습니다. 이런 식의 대화가 두 분에게는 자연스러워 보이네요. 두 분이 모두 신학자고 또 친구여서 그런 것 같습니다.

새뮤얼 웰스 Samuel Wells 가장 좋았던 점은 저희가 지난 20년 동안 우리가 했던 일들을 되돌아보기보다는 지금 실제로 우리가 하고 있는 일들에 관해 이야기를 나누었다는 것이 아닌가 싶습니다.

랭더크 한 번도 출판되거나 공식적으로 알려진 바 없는, 두 분의 개인적인 삶에 대해 나눈 이야기도 좋았어요.

하우어워스 이번 대화에서 이렇게 개인적인 이야기까지 하게 될 줄은 몰랐어요. 나야 아무래도 좋지만, 누가 이런 이야기에 관심을 가질지 모르겠네요.

웰스 저도 어제 랭더크 목사님에게 그렇게 이야기했어요.

하우어워스 사람들이 우리의 개인적인 삶이 어땠는지까지 관심을 기울일 필요가 있는지 모르겠습니다.

랭더크 개인적인 이야기도 의미가 있지요. 그 사람의 생각과 행동의 관계, 그리고 성격에 대해 가늠해 보게 해준다는 측면에서는 말이에요. 학생 시절, 저는 교수님이 그리스도교 윤리학 수업을 하실 때 토론을 이끄는 모습을 보며 감탄을 금치 못했습니다. 하지만 동시에 궁금증도 들었죠. '교수님은 어디서 식료품을 사실까?'

하우어워스 허허.

랭더크 궁금한 것이야 많죠. 저는 독자들이 두 분의 결혼 생활은 어떠한지, 두려워하는 것은 무엇인지, 여러 문제를 접했을 때 주로 참조하는 사람은 누구인지, 자녀들을 위해서는 어떻게 기도하시는지도 궁금해하리라고 생각해요.

낸시 브라이언 Nancy Bryan 이 책을 기획한 이유도 바로 그겁니다. 두 사람이 깊고, 개인적인 이야기를 나누는 와중에 신학 이야기가 자연스럽게 우러나오는 그런 책이 되기를 바랐어요.

웰스 그런데 편집장님이 알아야 할 게 있어요. 하우어워스 교수님은 "깊다"는 말과 "개인적인"이라는 말이 같은 범주에 있다고 생각하지 않을 겁니다. "개인"적인 이야기는 "깊이"가 덜하다고 생각하니까요(웃음). 농담입니다. 그런데 우리 둘이 만나기 전에, 그러니까 20년 전에 내가 교수님에게 궁금한 게 무엇이었나 생각해 보면 그에 대해서는 이미 어느 정도 답변을 들은 것 같단 말이죠. 그게 좀 걱정입니다. 여러분은 확신하지만, 이 대화가 독자들에게 어떤 도움을 줄지 잘 모르겠어요. 그건 우리가 아니라 아퀴나스와 아리스토텔레스가 대화를 나누더라도 마찬가지겠지만 말입니다.

하우어워스 책 순서가 우리가 한 대화 순서를 꼭 따를 필요는 없는 것 같습니다.

랭더크 동의합니다. 애초부터 두 분이 나눈 대화가 저희가 제안한 개요를 따르지는 않았으니까요.

하우어워스 이 대화를 책에 넣어도 좋을 것 같네요.

랭더크 전반적으로 흐름을 조정하면 될 것 같아요.

하우어워스 그럼 우리가 처음 나눈 대화는 어디에 넣나요? '대화로서의 신학'theology as conversation에 관해 이야기한 건?

웰스 그건 시작 부분에 넣어야겠지요. 그렇지 않나요?

랭더크 네, 저도 그렇게 생각해요.

첫 번째 대화

신학에 관하여

랭더크 이 책은 우연히 친구가 된 두 신학자가 신학, 교회, 그리고 서로의 관심사에 관해 이야기를 나누고 이를 기록으로 담아내자는 생각에서 나왔습니다. 이를 통해 독자들은 두 분의 대화를 보고 들을 특권을 갖게 되는 것이지요. 먼저 '대화로서의 신학'에 대해 이야기해 볼까요? 신학은 일종의 대화라 할 수 있을까요? 그렇다면 그 대화의 상대는 누구인가요? 신학은 무엇을 나누는 것인가요? 신학을 대화로 정의할 때 붙여야 할 단서나 조건이 있다면 무엇이 있을까요? 아니면 그렇게 보지 말아야 할까요?

하우어워스 대화에 관해서라면, 샘이 쓴 아주 좋은 글이 있지요. 그 글에서 샘은 대학 교육의 가장 중요한 덕목으로 '대화'를 꼽았어요. 이때 대화는 서로 통하는 사람들끼리의 소통이 아니라 다양한 배경, 서로 다른 경험을 지닌 사람들 사이에서 일어나는 소통입니다. 다른 이들의 의견에 귀를 기울이는 과정을 통해 사람들은 자신이 안다고 생각했던 내용을 검증해 볼 수 있게 되지요. 따라서 대화에서 가장 중요한 것은 상대의 이야기를 듣는 것입니다. 또 하나, 대화에서 중요한 것은 나와 다른 사람, 그럼에도 불구하고 이야기를 나누고픈 사람과 이야기를 나누는 것입니다. 너무나도 자주 소통은 세계관과 의견이 일치하는 사람들 사이에서만 일어나지요. 이는 집단 나르시시즘을 표출하는 것에 지나지 않습니다. 그러한 면에서 대화는 일종의 탐구입니다. 샘, 우리가 몇 년 동안 대화를 나누어왔지?

웰스 글쎄요. 1991년부터 시작했으니까 28년 됐군요.

하우어워스 샘이 듀크 대학교 교목이었을 때 우리는 정말 많은 대화를 나누었습니다. 자신이 세상을 어떻게 바라보고 있는지 검증해 보고, 어떻게 생각해야 할지 모르던 신학 문제들을 탐구했지요. 샘이 듀크 대학교를 떠난 건 제게 커다란 상실이었습니다. 물론 이후에도 이야기를 주고받았지만, 직접 얼굴을 맞대고 하는 대화와는 아무래도 차이가 있지요. 샘과 제가 나눈 대화는 친구끼리 나누는 대화였습니다. 우정은 대화의 필수 요소이고, 대화는 우정의 필수 요소입니다.

웰스 대화란 일종의 종말론적 사건입니다. 대학에서 지향하는 '대화'는 실은 우리가 천국에서 이뤄지기를 희망하고 소망하는 모습이기도 하지요. 천국을 완벽한 곳, 고쳐야 할 부분이 없는 곳으로 상상한다면 그곳에 우리처럼 완벽하지 못한 사람들이 과연 갈 수 있을지 의문이 듭니다. 설령 그런 천국에 간다 하더라도 그곳에서 과연 우리는 무엇을 할 수 있겠어요? 이런 면에서 신학은 하느님께서 우리에게 주신 선물이 얼마나 무궁무진한지를 상상할 수 있도록 도와야 합니다. 그렇지 않으면 천국은 따분하기 그지없는 곳이 되겠지요. 하우어워스 교수님은 지루한 것은 질색하시는 분이니 그런 천국은 가고 싶어 하지 않으실 거예요. 교수님과 영원의 차원에서 함께 하기를 바라지만 교수님이 이를 따분하다고 생각하지 않으시기를 바랍니다. 영원의 차원에서 함께 한다는 건 언제나 즐거운 일이 벌어진다는 뜻이 아니니까요.

하우어워스 버나드 쇼Bernard Shaw는 차라리 지옥을 더 좋아한다고 말한 적이 있지요. 그곳에는 적어도 더 흥미로운 사람들이 있을 거라고 하면서요.

웰스 존 밀뱅크John Milbank*와 에이드리언 파브스트Adrian Pabst가 쓴

---

* 존 밀뱅크(1952~)는 영국의 성공회 신학자다. 옥스퍼드 대학교 퀸스 칼리지에서 역사학을, 케임브리지 웨스트콧 하우스에서 신학을 공부하고

『덕의 정치학』The Politics of Virtue의 한 문장이 기억나네요.[*]

자유주의는 과거에 사람들이 삶에 영속적인 지루함을 느꼈을 거라
고 가정한다.

밀뱅크가 쓴 것 같은데 책에서 가장 마음에 드는 문장이었어요.
대화를 나누는 가운데 '나'는 내가 과거보다 얼마나 나아졌는지,
내가 어떤 실패를 했는지, 어떤 단점을 지니고 있는지, 지금까지
쌓인 모든 경험을 돌아보고 설명합니다. 저 모든 것을 가져와 밴
더그래프 발전기Van de Graaff generator를 돌리듯 다른 사람, 혹은 여
러 사람과 얼굴과 얼굴을 맞대보는 것이죠. 불꽃이 튀고, 문제를
만들고, 곁길로 빠지고 … 그런 식으로 대화는 진행됩니다. 이
러한 맥락에서 '대화를 나누다'를 뜻하는 '컨버스'converse의 어원
은 꽤나 흥미롭습니다. 이 말을 동사가 아니라 영국에서 발음하
듯 '컨-버스'con-verse로 이해하면 무언가를 손에서 계속 뒤집어 보
는 것을 뜻하게 되지요. 노리치의 줄리언Julian of Norwich처럼 꼭 개

버밍엄 대학교에서 철학 박사학위를 받았다. 이후 케임브리지 대학
교, 버지니아 대학교 등에서 신학을 가르쳤으며 현재 노팅엄 대학교 명
예 교수로 활동 중이다. 이른바 급진 정통주의radical orthodoxy를 대표하
는 신학자로 평가받는다. 주요 저서로 『신학과 사회이론』Theology and Social
Theory(새물결플러스), 『사랑의 미래』The Future of Love, 『세속 질서 너머』Beyond
Secular Order 등이 있다.

[*] John Milbank, Adrian Pabst, *The Politics of Virtue: Post-Liberalism and the
Human Future* (London: Rowman & Littlefield Publishers, 2016)

암나무 열매를 손바닥에 놓고 하느님의 창조를 묵상해야 한다는 이야기가 아닙니다. 하지만 손에 무언가를 놓고 계속 뒤집어 보면서 다양한 측면에서 그 의미를 생각해 보는 것은 분명 종교적이고 영적인 활동입니다. 그리고 이를 다른 사람과 함께하는 것, 손에 쥐고 있는 것을 서로 이리저리 뒤집어 보는 것은 실로 멋진 일입니다. 대화를 멈추게 할 수 있는 유일한 것은 시간뿐이지요. 그렇기에 대화를 종말론적 활동으로 보는 것은 매우 중요합니다. 시간이 문제가 되지 않을 때 사람들 사이의 상호작용이 어떻게 될지를 가리키고 있기 때문이지요.

하우어워스 대화가 중요한 이유 중 하나는 대화를 나누는 동안 우리가 어디에 있는지를 역사화historization할 수 있기 때문입니다. 언젠가 샘은 그리스도교와 대학의 관계, 그리스도교가 대학과 관계를 맺는 가운데 어떤 식으로 발전했는지를 설명한 적이 있어요. 아주 좋은 설명이었습니다. 샘에 따르면 처음에는 그리스도교가 모든 것을 통제하고 바깥이 있다는 것을 모르던 시기입니다. 그다음에는 … 샘, 그다음 뭐라고 말했지?

웰스 음, 대략 20세기 초에 일어난 일인데, 각 교단이 교단 신학교를 갖고 대학은 교육과정을 완성한 시기죠. 교회와 대학은 자신이 상대에게 이겼다고 생각했습니다. 그다음은 우리가 '60년대'라고 부르는 시기죠. 오늘날 신자들은 신자대로, 지식인들은 지식인대로 이 시기에 어떤 향수가 있는 것 같습니다. 그때는 대학과 교회가 정말 사회에서 중요한 목소리를 냈기 때문이지요. 켄트 주립 대학교에서 일어난 사건*에 온 국민이 관심을 기울였고 마틴 루터 킹 주니어Martin Luther King Jr. 목사는 인종차별 반대 운동을 펼치고 있었던 시기예요. 당시 이루어지던 논쟁들은 어떤 식으로든 미국 헌법에 영향을 미쳤습니다. 당시에 학문 담론들은 실제로 사회 전체에 의미가 있었으며 사람들은 곳곳에서 베트남 전쟁에 관해 이야기했고 징병제를 두고 논의했지요. 하지만 많은 이가 이를 잊어버리고 60년대 사람들이 높은 시민 의식을 지녔었다고 생각하는 것 같아요. 이제 우리는 세 번째 시기를 살아가고 있습니다. 오늘날의 특징은 '이야기'에 대한 이해가 다르다는 것이에요. 이 이해에 따라 한쪽에서는 첫 번째 시기로 돌아가려 하고 다른 쪽에서는 두 번째 시기로 돌아가려 합니다. 하지만 저는 이 세 번째 시기에 머물러야 한다고 주장했지요. 그리고 이는 교수님의 견해와 매우 유사합니다. 제 책을 읽은 분들이라면 그리 놀라지 않으시겠지만 말이지요. 저는 교회가 세상을 이끄는 의장직을 포기할 때만 정말로 흥미로운 존재가 될수 있다고 이야기했습니다. 듀크 대학교에 몸담고 있던 마지막

---

* 1970년 5월 5일 오하이오주 켄트시에 소재한 켄트 주립대학교에서 오하이오 국민위병이 비무장 학생시위대에게 실탄을 발포해 학생 4명이 죽고 9명이 다친 사건을 가리킨다. 이 사건을 계기로 미국 전역의 대학생, 고등학생 400만 명이 동맹휴학에 나섰으며 베트남 전쟁 반전 여론에 영향을 미쳤다.

해 한 일이 생각나네요. 9.11 10주기 기념일이었습니다. 추모식을 어떻게 치러야 할지 저는 고심했습니다(이런 문제를 두고 저는 하우어워스 교수님과 체육관에서 이야기를 나누곤 했지요). 결국, 추모의 차원에서 성가대가 모차르트의 레퀴엠을 부르고 이후 네 명이 추모 연설을 하도록 기획했습니다. 연설자를 선정할 권한은 저에게 있었고 저는 더럼 시장, 듀크 대학교 총장, 저, 그리고 무슬림 채플린을 선정했지요. 당시 사람들은 대학교회 교목인 제가 무슬림 채플린을 추모 연설자로 선정하는 데 찬성했다는 사실을 기이하게 받아들였습니다. 교목이라면 당연히 교목이라는 특권을 활용해 그리스도교를 전면에 내세울 것으로 생각했기 때문이지요. 추모식 때 연설자는 한 사람당 5분에서 7분 정도 연설을 할 수 있었는데 저는 '그리스도론'에 바탕을 둔 이야기를 했습니다. 9.11 사태와 관련해 우리가 품고 있던 하느님에 관한 물음, 그리고 섭리에 관한 물음에 대해 다루었지요. 하느님은 어떻게 9.11 사태 같은 일이 일어나도록 내버려 두실 수 있는지 저는 물었습니다. 물론 소방관들의 헌신을 보며 비극의 와중에도 성령께서 활동하심을 볼 수 있지만, 근본적으로 그러한 사태는 무고한 이들이 십자가에 못 박히는 고통스러운 사건으로 보인다는 것을 부정할 수 없다고 말했지요. 연설을 한 뒤 얼마 지나지 않아 편지를 받았습니다. 공적 추모식에서 신앙 언어를 말하지 않는다는 규칙을 어겼다는 내용이었지요. 저는 진심을 담아 답장을 썼습니다. "그 규칙이 바뀌었다는 점을 당신이 인지하지 못한 것 같습니다"라고 말이지요. 무슬림 채플린이 무슬림으로서 9.11 사태에 대해 이야기할 수 있다면, 대학교회의 교목은 그리스도교인으로서 그 사태에 대해 이야기할 수 있다고 생각합니다. 이는 과거 첫 번째 시기와 같다고 볼 수 있지만 실제로는 명백히 다르지요. 어떻게 보면 우리는 처음으로 '그리스도교인으로서' 이야기하게 되었다고 생각합니다. 그리고 편지를 쓴 사람과 안 좋게 끝난 것도 아니었어요. 우리는 친구가 되었고, 두세 번 만났습니다. 회당에서 연설하도록 초대받은 적도 있었지요.

하우어워스 이게 바로 웰스가 듀크 대학교회의 교목으로 있다는 사실이 어떠한 의미를 갖는지를 보여주는 예라고 생각합니다. 그가 이 자리를 제안받았을 때 저는 "꼭 그 자리를 수락하길 바란다"고 이야기했습니다. 웰스가 듀크 대학교회의 교목으로 한 활동은 콘스탄티누스주의 아래 있는 교회가 어떠해야 하는지를 보여주는 좋은 예입니다. 교회가 어떻게 세상에 들러붙어 있어야 하는지를 보여주지요. 저는 웰스에게 교목이라는 자리를 활용해야 한다고 이야기했습니다. 어떤 이들은 제가 그리스도교가 세상으로부터 철수해야 한다는 입장에 서 있다면서 비판하기도 합니다. 하지만 제가 이야기한 것은 그리스도교가 세상으로부터 철수한 것처럼 보여도 개의치 말아야 한다는 것이었습니다. 교회가 철수할 곳은 없습니다. 우리는 포위되었어요. 하지만 덕분에 서구 그리스도교인들은 실로 오랜만에 자유로워질 기회를 갖게 되었습니다. 그리스도교는 패배했고 더는 세상을 통제하고 있지 않습니다. 대화의 주도권을 갖고 있지도 않지요. 이러한 세상이 어디로 가고 있는지 우리는 알아내야 합니다. 그러한 가운데 그리스도교 세계Christendom가 남긴 파편들은 도움이 될 수 있겠지요. 우리는 미래가 어떻게 될지 모릅니다. 하지만 어떻게 될지는 몰라도 우리는 흥미롭기 그지없는 삶을 살 수 있습니다. 복음이 이를 가능케 하지요. 우리는 예수를 예배하는 이상한 일을 하는 존재들이기 때문입니다. 이 이상한 일은 지난 2,000년 동안 '대화'를 촉발했습니다. 팔레스타인 지역의 한 유대인을 통해 하느님이 온전히 자신을 드러내셨다고 믿는 것은 매우 놀라운 일입니다. 이 놀라운 주장을 인류는 이해하고 그에 걸맞게 살아가기 위해 분투해왔습니다. 오늘을 살아가는 우리도 이 도전을 끊임없이 마주합니다. 그리고 이 사실이 우리의 삶을 믿을 수 없을 정도로 흥미롭게 만듭니다.

이에 관한 이야기는 샘이 저보다 더 잘하는 것 같습니다. 그러니까, 천국을 주제로 대화를 나누는 것이 저는 어색하거든요. 하지만 샘은 성직자이고, 성직자는 바로 그런 일을 하는 사람입니다. 부럽고, 저도 그런 능력이 있으면 좋겠어요. 저 역시 제가 가진 신학적 확신을 표현하는 일을 합니다만 … 자신의 설교와 글에 신학적 주장을 담아내는 샘의 능력은 정말 탁월하지요. 샘은 저를 자극하고 동시에 저를 겸손하게 만들어 줍니다.

웰스 아니, 그걸 누구한테 배웠겠습니까, 교수님. '대화로서의 신학'이라는 주제로 돌아오자면, 신학은 인류와 하느님의 대화라 할 수 있겠지요. 하지만 이렇게 이야기하면 너무 거창하게 들립니다. 이야기를 작은 데서부터 시작해야 할 것 같아요. 우선 신학은 구약과 신약 사이에서 일어나는 대화입니다. 그런 의미에서 이 대화는 이미 진행되고 있다고 할 수 있지요. 우리에게는 특권이 있습니다. 성령의 도우심으로 아주 오래전부터 천사들이 드리던 예배에 참여할 수 있는 특권 말이지요. 이처럼 신학을 통해 우리는 아주 오래전부터 활기차게 진행되어 오던 구약과 신약의 대화에 참여할 수 있게 됩니다. 그리고 성서와 초기 교회의 대화에 참여하게 되지요. 제가 처음으로 읽었던 하우어워스 교수님의 책은 『평화의 나라』The Peaceable Kingdom였습니다.[*] 거기서 교수님이 하신 말씀이 생생히 기억납니다.

> 성서의 예수는 초기 교회의 예수가 아닐 수 없고
> 아니어서도 안 된다.

교수님의 이 말은 신학을 공부한 사람이라면 누구든 한 번쯤 참여했을 논쟁에 대한 나름의 응답이라 할 수 있습니다. 예수가 실제로 한 말은 무엇이냐는 문제, 예수가 실제로 한 말이 현존하는

---

[*]   Stanley Hauerwas, *The Peaceable Kingdom* (Ind: University of Notre Dame Press, 1986) 『평화의 나라』(비아토르)

성서에는 없을 때 어떻게 봐야 하느냐는 문제, 산상수훈 중 예수가 실제로 이야기한 것은 두 가지밖에 안 되면 이를 어떻게 봐야 하느냐는 문제, 그렇게 생각하는 이들을 어떻게 봐야 하느냐는 문제, 바울 위서로 불리는 책들을 어떻게 봐야 하느냐는, 바울이 실제로 쓴 서신과 마찬가지의 권위를 지닌 문헌으로 봐야 하느냐는 문제들 말이지요. 이러한 문제들과 관련해 『평화의 나라』는 새로운 길을 제시했고 저의 신학적 사고를 발전시켜 나가는 데 중요한 발판이 되어주었습니다.

물론 성서와 초기 교회와 관련해서는 여전히 여러 논쟁이 남아 있습니다. 단순히 성서가 어떻게 쓰였고 정경화가 되었느냐는 물음을 넘어서는 문제들 말이지요. 그리고 이와 관련해서는 교수님이 매우 중요한 물음을 던졌습니다. 우리가 일관된 역사적 실체로 간주하는 초기 교회가 권위를 지니고 있는지 말이지요. 성서가 갖는 권위 정도는 아니지만, 시대를 막론하고 모든 교회가 따라야 할 일종의 본으로 여겨야 하느냐는 물음이었습니다.

교수님이 콘스탄티누스주의라는 말을 쓸 때는 그 이전, 4세기 이전에 갓 태어난 교회가 존재했고 일관된 사회윤리와 좀 더 넓은 의미에서 신학을 진행하고 있었다는 생각이 담겨 있습니다. 이 교회는 니케아 공의회 이전의 교회였고, 그러니 신경이 나오기도 전이었지요. 물론 이 시기 교회가 모든 면에서 옳았다는 이야기는 아닙니다. 하지만 평화주의와 같은 중요한 사안에 있어서 4세기 이전의 교회는 권위 있고, 진실하며, 하나 된 목소리를 냈지요. 4세기 이후 교회는 일종의 타협을 했고 그것이 지금까지 이어져 내려오고 있습니다. 이렇게 신학에서는 초기 교회를 포함한 역사 속 무수한 교회가 대화 상대가 됩니다.

또한, 오늘날 방대한 문제들도 대화에 포함되어야겠지요. 오늘날 가장 분명한 문제는 다른 신앙들과의 관계입니다. 저는 이 '다른 신앙들'에 유대교는 포함하지 않습니다. 유대교가 다른 신앙이라고 생각하지 않기 때문이지요. 유대 신앙은 우리의 뿌리입니다. 어쨌든 적절한 대화 주제, 그리고 대화에 참여하는 이들을 찾는 것은 매우 중요한 일입니다.

하우어워스 샘의 말에 동의합니다. 그리고 제 생각에 초기 교회의 가장 중요한 결정은 오늘날 우리가 구약성서라고 부르는 문헌을 정경에 포함했다는 것입니다. 이로써 그리스도교인들은 어떻게 이스라엘의 하느님을 예수 그리스도 안에서 발견할 수 있느냐는 물음을 끊임없이 숙고할 수 있게 되었습니다. 또한, 이로써 그리스도교인들은 유대인들의 존재를 끊임없이 의식하게 되었습니다. 많은 경우 그리스도교인들은 그들의 존재에 불안해했고 이는 파괴적인 학살로 이어졌지요. 또한, 이러한 신학적 결정을 내림으로써 그리스도교는 이와 관련된 질문들을 던지는 사람들 없이는 존재할 수 없게 되었습니다. 신학자란 바로 이 질문들을 던지는 사람입니다. 그리스도교의 흥미로운 점은 필연적으로 신학자를 낳는다는 점입니다. 신학자는 구성원들이 권위 있다고 여기는 문헌들이 제기하는 중대한 질문들에 응답해야 합니다. 모든 종교 전통이 신학자를 배출하지는 않습니다. 하지만 그리스도교에는 신학자가 반드시 있지요. 신학자는 대다수 신자가 마주하기 꺼리는, 하지만 매우 중대한 물음들에 응해야 하는 교회 내 직무입니다. 제 저술들에 일관된 문제의식이 있다면 그것은 그리스도에 대한 헌신은 불가피하게 우리에게 어렵고 거대한 물음을 제기한다는 것입니다. 그리고 참된 헌신은 이렇게 제기되는 물음으로 인해 발생하는 두려움을 감내하는 것까지를 포함하지요. 그리스도교인이 전하는 말의 참됨 여부는 미리 정해진 것이 아닙니다. 그리스도교인이 복음을 전하는 행위는 계속 진행되고 있는 공연과 같습니다. 예수 그리스도를 구세주로 예배하는 모임의 일부가 된다는 것이 어떠한 의미를 갖는지, 그 기쁨을 증언하고 이와 관련된 생각을 독려하는 공연 말이지요. 이렇게 이야기하면 또 다른 질문이 떠오릅니다. 인간은 왜 구세주를 필요로 하나요? 이런 근본적인 질문들을 우리는 잘 다루지 않습니다. 이미 정해졌다고 생각하니까요. 우리 삶에 구원이 필요한 이유는 무엇입니까? 신학자는 사람들이 살던 대로 사는 것을 멈추고 저 근본적인 질문들에 대해 생각해 보게 해야 합니다. 그리고 현재를 다시 빚어내도록 격려해야 하지요. 샘은 이런 일을 무척 잘합니다. 저 근본적인 질문들을 던지고 신앙의 내용과 연결지어 생각함으로써 우리는 그 무엇도 두려워하지 않아도 된다는 것을 깨닫게 됩니다. 물론 이는 결코 쉬운 일은 아닙니다. 어떤 사람들은 저의 신학적 견해를 두고 매우 급진적이라고 평가합니다. 하지만 저의 작업은 근본적으로 우리가 하루하루를 잘 살아낼 수 있도록 돕는 것입니다. 그게 전부예요. 거짓 없이 하루를 보낼 수 있다는 것은 어떤 의미일까요? 그리스도교는 우리의 삶을 이해하는 특별한 틀을 만들어 새로운 일상을 살아갈 수 있게 해줍니다. 저는 글과 설교를 통해 나자렛 예수가 우리의 구원자라는 비범한 주장이 어떻게 모두가 진실하게 사는 삶을 가능케 해주는지를 보여주려 했습니다. 이 프로젝트는 이제 막 시작되었습니다(웃음). 적어도 제가 보기에는 말이지요.

웰스 신학자는 어떤 의미에서는 성직자라고도 할 수 있습니다. 무슨 뜻이냐면 성직자가 세례, 성찬, 기도, 성서와 설교와 같은 교회의 활동을 인도하는 사람이라면 신학자는 이를 잘할 수 있도록 돕는 사람이라 할 수 있지요. 하느님께서 이러한 활동을 통해 교회를 새롭게 하신다고 진심으로 믿는다면 말입니다. "아, 우리가 읽는 게 무엇이든 별 상관없어요." "이 긴 단어나 이름이 무슨 의미인지 모르겠어요. 그냥 넘어가죠." "전도를 하든, 무엇을 하든 별 차이가 있겠어요. 뭐든 하는 게 중요하죠." 이렇게 사람들이 말하도록 내버려 두어서는 안 됩니다. 그건 우리의 생명의 원천에서 우리를 끊어내는 것과 다름없습니다. 교회에는 교회에서 하는 일을 잘할 수 있는 이, 질서에 맞게 할 수 있는 이가 꼭 필요합니다. 사제가 서품을 받는 이유는 이 때문이라고 저는 생각합니다. 신학자도 마찬가지라고 생각해요. 이런 일을 감당할 이가 교회에는 필요하고 그런 이를 양성하기 위해 신학 석사, 박사 과정이 존재하는 것입니다. 신학자들이 없다면, 우리는 결국 막다른 곳에 내몰리게 될 것입니다. 물론, 여기에는 한 가지 생각이 전제되어 있습니다. 바로 신학자와 교회는 서로 공생 관계에 있다는 것이지요. 다양한 시기, 다양한 이유로 이러한 생각에 의문이 제기되곤 했습니다. 자주 신학자들과 교회는 서로를 경멸하곤 했지요.

하우어워스 샘, 왜 학계에 남지 않기로 결정했는지, 박사 학위가 있음에도 사제 서품을 받고 교회에 머무르게 되었는지를 좀 이야기해 줄 수 있겠나? 이를 설명하는 게 매우 중요해 보이거든. 오늘날 많은 신학생은 신학을 전문적으로 훈련받으면 어떻게든 학계나 대학교에서 살아남아야 한다고 여기니까 말이야. 이는 신학이 학계에 포로가 된 현상과 무관하지 않다고 보는데, 자네가 왜 그 길을 자신의 소명으로 여겼는지를 이야기 해주었으면 하네.

웰스 일단, 저는 모든 신학생이 저처럼 되어야 한다고 생각하지는 않습니다. 저는 교수님처럼 신학 활동을 한 신학자들을 존경해요. 하지만 그런 신학자의 삶이 제게는 잘 맞지 않는다고 오랫동안 생각했습니다. 아마도, 저는 신학을 실천의 영역에서 실현

했을 때 그 결과가 어떠한지를 보고 싶은 마음이 컸던 것 같습니다. 저나 교수님이 선호하는 말은 아니지만, 신학을 교회 현장에 '적용'하고 싶었던 것이지요. 좀 더 신학적으로 적절하고, 올바른 표현을 쓴다면 '육화'incarnate라고 할 수 있을 겁니다. 교수님이 말씀하신 질문들에 대한 통찰, 확신을 '육화'하는 데 관심이 있어요. 조금 전, 교수님이 자신의 모든 작업은 결국 우리가 그리스도교인으로서 하루하루를 사는 데 도움을 주는 데 있다고 말씀하셨을 때 매우 기뻤습니다. 저의 신학적 관심사는 덕 윤리Virtue Ethics과 후기 자유주의 신학postliberal theology의 대화인데, 이 주제가 제가 사제 서품 받았을 때 품고 있던 질문, 즉 평신도들에게 거룩한 삶은 어떠한 삶이냐는 질문을 가장 분명하게 다루기 때문입니다. 여전히 이 질문에 대한 답을 찾고 있고요. 교수님이 이 질문을 탐구할 때 가장 중요한 원칙을 제시해주셨지요. 그때까지, 그리고 이후 지금까지 제가 읽은 어떤 신학자보다도 교수님은 교회의 의미, 교회가 충만한 삶과 어떠한 관련이 있는지를 탁월하게 설명해 주셨어요. 이와 관련된 다양한 논의들을 넘어서는 새로운 이야기였습니다.

다시, 제가 왜 학계에 활동을 집중하는 신학자가 되지 않았느냐는 물음에 답해볼까요. 여러 이야기를 할 수 있지만, 크게 두 가지를 들 수 있을 것 같습니다.

우선, 저는 신학 훈련을 받으면 연구, 저술, 교육과 같은 기회를 얻게 될 것이라는 생각을 미처 하지 못했습니다. 사제 서품을 받아 10년째 지역 교회를 섬기는 중이었고 또 다른 일을 할 것으로 생각하지 않았지요. 결국 그런 일을 할 기회가 찾아왔지만 말입니다. 이를테면 톰 라이트Tom Wright* 같은 분은 근본적으로 학계에 의해 형성된 신학자입니다. 물론 성직자이기도 하지만 말이지요. 저는 언제나 그 반대라고 생각했어요. 저는 근본적으로 사제직에 의해 형성된 성직자입니다. 물론 신학자이기도 하지만 말이지요. 이를 달리 말할 수도 있겠지만 어쨌든 그렇습니다. 저의 경우 신학자는 형용사고, 성직자는 명사입니다. 사목을 하는 신학자가 아니라, 신학을 하는 사제인 것이지요. 하지만 사목 너머의 영역에서 하는 활동은 교수님과 비슷합니다. 이 부분에서 교수님과 저는 가는 길이 대비되지 않는, 같은 길을 걷는 동지companion라고 할 수 있지요. 같은 길을 걷는 동지끼리는 서로를 비판할 수 없어요. 그래서인지 교수님은 제가 다작하는 것을 비판하지 않습니다(웃음). 이렇게 다작하는 이유는 사목 현장에서 일어나는 다양한 도전들에 어떻게든 응하고 싶었기 때문입니다. 몇몇 분들이 제 글을 흥미롭게 봐주신다면, 그건 제 글이 이중

---

* 톰 라이트(1948~)는 영국의 성서학자이자 성공회 주교다. 옥스퍼드 대학교 엑스터 칼리지에서 고전학을 공부했으며 옥스퍼드 대학교 머튼 칼리지에서 박사학위를 받았다. 이후 학자이자 성직자로 활동을 병행하며 맥길 대학교, 머튼 칼리지에서 신약학을 가르쳤고 더럼의 주교를 역임했다. 현재는 옥스퍼드 위클리프 홀 연구원으로 활동하고 있다. 주요 저서로 『신약성서와 하나님의 백성』The New testament and The People of God(CH북스), 『마침내 드러난 하나님 나라』Surprised by Hope(IVP), 『바울 평전』Paul(비아토르) 등이 있다.

적인 특징을 갖고 있어서라고 짐작합니다. 저는 지극히 일상적인 문제들을 다루지만, 이 문제들은 거대한 신학적 질문들, 그리고 그리스도교 전통이 이 질문에 제시한 답들과 관계를 맺고 있습니다. 저는 문제가 정부의 복지 정책이든, 임신중절이든 사목 현장에서 일어난 문제에 대해 신학적으로 생각하기 위해 노력했습니다. 옳든 그르든 그렇게 하는 사람은 그리 많지 않은 것 같습니다. 신학자들은 학계에만 머무르는 경향이 있고 교회는 신학자들에서 많은 도움을 얻지 못하고 있습니다. 신학적으로 궁핍하다고 할까요. 저는 신학자와 성직자 모두에게서 배우려 합니다. 물론 교회와 학계 말고도 여러 영역이 있지만, 대표적으로 말이지요. 저는 두 영역에 속한 이들과 모두 긴밀하게 소통하려 노력합니다.

하우어워스 중요한 문제를 아직 하나 다루지 않은 것 같은데 그 부분에 관해 이야기를 나누어 볼까요? 바로 '언어'language 말입니다. 대화를 할 때 우리는 어떤 언어를 사용합니까? 언어는 저의 작업에서 매우 중요한 위치를 차지합니다. 그리스도교는 결국 어떻게 말해야 하는지를 익히는, 끊임없는 과정이니까요. 그리스도교인으로서 우리는 무엇을 말해야 하는지 알고 있다고 생각합니다. 하지만 '예수가 우리의 주님이시다'라는 고백은 우리가 하려는 모든 말을 완전히 바꾸어 놓습니다. 저와 샘이 하는 작업은 결국 이를 보여주는 것이라 할 수 있어요. 그리 어려운 말같지 않지만, 제대로 이해하기란 매우 어렵습니다. 이를테면 샘이 '적용'이라는 말을 쓰는 것을 선호하지 않는다고 한 것은 매우 중요한 생각을 담고 있어요. 누군가 신앙을 어떻게 '적용'할 수 있느냐고 묻는다면 그 말에는 신앙의 내용이 우리 삶에 실제로 변화를 일으키는 언어가 아니라 그저 관념에 지나지 않는다는 생각이 깔려 있습니다.

대화란 우리가 하는 말을 끊임없이 시험해보는 활동입니다. 대화에 참여하는 이들은 "무슨 말인지 못 알아듣겠습니다. 무슨 뜻인지 모르겠습니다"라고 말할 권리가 있기 때문이지요. 그러한 과정에서 우리는 우리가 하는 말을 실제로는 이해하고 있지 못함을 알게 됩니다. 죽은 말이 되어버리는 것이지요. 우리가 우리의 언어에 너무 익숙해져 버리면 그 언어는 죽습니다. 우리가 그 언어가 실제로 무슨 의미를 담고 있는지 생각하지 않기 때문이지요. 신학이 대화인 이유는 신학이 끊임없이 질문을 낳기 때문입니다. 이 질문은 결코 끝날 수 없습니다. 샘이 만든 책 중 하나가 떠오르네요. 성찬 기도 모음집이었는데 그 책 제목이 뭐였지?

웰스 미국에서는 『성찬 기도』Eucharistic Prayers, 영국에서는 『천사의 노래에 동참하기』Angels' Song라는 이름으로 출간되었지요.*

---

* Samuel Wells, Abigail Kocher, *Eucharistic Prayers* (Grand Rapids: Wm. B. Eerdmans Publishing, 2016)

하우어워스 아, 여기 있네. 참 탁월하고 감동적인 책이에요. 샘은 이런 분야에서 최상의 결과물을 만들어냅니다. 그는 하느님 앞에서 우리가 누구인지에 대해 비범한 방식으로 이야기하는 것을 두려워하지 않기 때문이지요. 동의하나, 샘?

웰스 교수님이 그 책을 마음에 들어 하시니 기쁘네요. 교수님이 말씀하셨듯 『성찬 기도』에서 저는 기도의 언어가 어떻게 우리의 신학적 통찰과 질문들을 형성하고 표현하는지를 보여주고 싶었습니다. 듀크 대학교회에 있을 때 저는 설교하지 않는 날에는 기도를 인도하곤 했습니다. 사람들은 제가 설교하던 날 설교를 두고 이야기하듯 제 기도에 대해서도 이야기를 하더군요. 집중하는 시간이 짧은 사람들만 그런 것도 아니었습니다. 듀크 대학교회인데도 많은 사람은 꼭 설교를 듣기 위해서가 아니라 기도하러 온다는 사실을 깨달았지요.

　제가 기도를 인도하는 방식은 교수님이나 조지 린드벡George Lindbeck* 같은 이들이 '문법'grammer이라고 부른 방식이었습니다.

---

*　조지 린드벡(1923~2018)은 미국의 루터교 신학자다. 구스타부스 아돌푸스 대학, 예일 대학교를 거쳐 예일 대학교에서 박사학위를 받았다. 1952년부터 1993년까지 예일 대학교 신학부 교수로 활동했다. 초기에 중세의 기초신학 논의를 중심으로 연구했으나 1950년대 이후로는 교회, 신학의 본성, 교회일치운동 등을 연구해 해당 주제에 중요한 연구물을 쏟아냈다. 한스 프라이Hans Frei와 더불어 후기 자유주의의 대표적인 신학자로 꼽힌다. 주요 저서로 『로마 가톨릭 신학의 미래』The Future of Roman Catholic Theology, 『교리의 본성』The Nature of Doctrine(도서출판 100), 『후기 자유주의 시대의 교회』The Church in a Postliberal Age 등이 있다.

지금 우리가 '언어'를 두고 나눈 대화와 깊은 관련이 있지요. 사목 활동을 하면서 저는 많은 사람이 기도문을 쓰지 않는다는 사실을 알게 되었습니다. 그래서 애비 코커Abby Kocher 목사와 함께 『예배를 위한 기도 만들기』Crafting Prayers for Public Worship라는 책을 썼지요.* 그리고 나서는 다시 한번 그녀와 훨씬 더 방대한 『성찬 기도』를 썼습니다. 사실 잉글랜드 성공회에서는 정해진 예식문 외의 기도를 하지 않기 때문에 이 작업을 하는 데 강한 거부감이 있었습니다. 하지만 낸시 패리 클라크Nancy Ferree-Clark 목사가 끈질기게 설득했지요.

하우어워스 그 이야기 들었을 때 나도 샘이 하지 못할 거라고 생각했어요.

웰스 저도 못할 거라고 생각했습니다. 하지만 덕분에 초교파 교회의 이점이 무엇인지 알 수 있었습니다. 저에게 이래라저래라 명령하는 사람이 총장밖에 없었다는 사실을 알게 되었지요. 그리고 총장은 제가 성찬 기도문을 쓰는 것에 별다른 문제가 있다고 생각하지 않았습니다. 그는 듀크 대학교 장학금 모금에 정신이 팔려있었거든요. 어쨌든 우리는 개정공동성서정과Revised Common Lectionary를 따라 책을 만들었습니다. 많은 부분이 그리스

---

* Samuel Wells, Abigail Kocher, *Eucharistic Prayers* (Grand Rapids: Wm. B. Eerdmans Publishing, 2016)

도교 신앙의 기본이나 신자들이 충분히 이야기하지는 않는, 기본 문법에 해당하는 내용이었지요. 이를테면 우리는 성부 하느님과 직접 이야기를 할 수 있을까요? 아니면 그리스도를 통해서만 이야기할 수 있을까요? 그리스도는 우리와 함께 계신 것일까요? 아니면 성령이 오셨으니 성령을 통해 그리스도께 간구하여 성부 하느님께 이야기하는 것일까요? 이렇게 질문을 던지고 생각이 잡히면 이 생각이 우리가 말하는 방식을 형성하고 다시금 그 말하는 방식이 우리가 생각하는 방식이 됩니다.

저는 수년간 잉글랜드 성공회 전례 위원회 위원으로 참여했는데, 그곳에서 문제를 하나 제기했습니다. 주의 기도에 관한 것이었지요. 주의 기도가 정말로 우리가 하느님께 기도해야 할 모든 내용을 담고 있다고, "우리에게 필요한 양식을 주시고"가 우리의 현재에 관한 이야기, "우리에게 잘못한 이를 용서하듯이 우리의 잘못을 용서하시고"가 우리의 과거에 관한 이야기, "유혹에 빠지지 않게 하시고 악에서 구하소서"가 우리의 미래에 관한 이야기라고 믿는다면, 그럼에도 점점 더 많은 그리스도교인이 사회적, 신학적 이유로 "우리 아버지"로 시작되는 이 기도를 어려워한다면, 이건 매우 심각한 문제가 아니냐고 말이지요. 예배 가운데 일어난 문제처럼 보이지만, 실제로는 커다란 신학적 문제인 이러한 사안을 두고서 우리는 좀 더 신학적으로 생각해 보아야 합니다.

스탠리 하우어워스 샘이 주의 기도에 대해 설명한 부분에 주목할 필요가 있습니다. 주의 기도가 어떻게 우리의 과거, 현재, 미래와 관련이 있는지 이야기했잖아요. 샘은 이런 설명에 탁월한 재능을 지니고 있습니다. 정말이지 이런 점은 부러워요. 우리는 주의 기도에 이러한 흐름이 담겨 있다는 것을 쉽게 놓치지 않습니까. 마태오 복음서 해설을 쓸 때 이렇게 분류할 수 있었다면 좋았을 것 같아요.* 물론 주의 기도가 복음 전체를 담고 있다고 이야기하기는 했지만 말입니다. 샘의 설명은 주의 기도가 우리가 믿는 모든 것에 어떠한 영향을 미치는지 이해하는 데 도움을 줍니다. 그런데 '믿음'believe이라는 표현은 사실 많은 고민을 불러일으키는 말입니다. 이해될 것 같으면서도 무언가 빠져 있는, 무언가를 더 필요로 하는 일종의 기호이기 때문이지요. 방금 주의 기도가 '우리가 믿는 모든 것'과 연결되어 있다고 말했지만, 그보다는 과거 우리, 현재 우리의 모든 측면과 연결되어 있다고 말하는 것이 좀 더 적절하지 않을까 싶습니다.

웰스 믿음을 신념으로 이해하지만 않는다면 괜찮을 것 같습니다. 그렇게 되면 문제가 되겠지요.

하우어워스 맞아요.

---

* 다음의 책을 가리킨다. Stanley Hauerwas, *Matthew* (Grand Rapids: Brazos, 2007) 『마태복음』(SFC출판부)

웰스 '믿음'을 '신념'으로 이해하면 뭔가 우리 마음대로 할 수 있는 것처럼 보이게 되니까요.

하우어워스 맞습니다. 이런 게 우리가 하고 있는, '신학적으로 다시 생각하기'rethinking theologically의 예지요. 대다수 그리스도교인은 '신념'이라는 말을 그리 문제라고 여기지 않잖아요. 이는 그들이 그리스도교가 전하는 복음을 실제로는 터무니없는 이상이라고 여기기 때문입니다. 신학자는 신자들이 그러한 단어와 표현들을 쓸 때 질문을 던지고 이의를 제기함으로써 주의 기도를 고백할 때나 성찬에 참여할 때 그 의미가 실제로 무엇인지 주의를 기울이게 해야 합니다.

두 번째 대화

말에 관하여

랜더크 교수님, 교수님께서는 신학자가 항상 겸손해야 한다고 말씀하신 적이 있습니다. 너무 많이 말하지 말아야 한다고요. 이에 관한 두 분의 경험을 듣고 싶습니다.

하우어워스 제가 말해야 하는 것보다 더 많이 말한 적이 있는지는 모르겠네요. 제 글을 보고 제가 실제로 이야기한 것 이상으로 해석하는 경향은 있는 것 같습니다. 이를테면, 제가 그리스도론에 바탕을 둔 비폭력nonviolence을 이야기했을 때 사람들은 제가 특정 행동을 분명하게 지시한다고 생각하곤 합니다. 그래서 평화주의자는 폭력에 노출되었을 때 어떻게 해야 하는지 무언가 분명한 방침이 있다고, 폭력을 자제하는 것만이 유일한 선택지라 이야기했다고 생각하지요. 하지만 제가 이야기하는 '비폭력'은 그런 것이 아닙니다. 그보다는 그리스도교인이라면 폭력을 마주했을 때, 그때까지 자신은 미처 알지 못했던 예수 그리스도의 평화를 발견하게 될 것이라는, 그 비폭력에 자신이 참여하고 있음을 발견하게 될 것이라는 약속을 이야기하려 했던 것이었어요.

또 어떤 이들은 저를 종파주의자sectarian라고 비난합니다. 즉 교회는 괜찮고, 세상은 지옥에 떨어진다고 보며 이에 대해 아무런 신경도 쓰지 않는 사람이라고 말이지요. 이런 비난은 제가 쓴 저술들에 대한 오독에서 나온 것처럼 보입니다. 하지만 저의 저술을 읽고 그러한 이해가 불가능하다고는 말할 수 없지요.

랭더크 사람들이 교수님의 저술들을 오용하거나 그 뜻을 왜곡해 전달하는 것에 대해 책임감을 느끼시나요?

하우어워스 물론이죠. 제게 책임이 있다고 생각합니다. 그래서 다시, 계속 해야만 하지요. 반복은 학자가 자신이 한 말에 책임을 지는 법 중 하나입니다. 물론 했던 말을 반복해서 하기란 어렵습니다. 매우 지루한 일이기 때문이지요. 저는 되도록 방어하는 태도를 버리고 같은 말을 여러 방식으로, 다르게 전하려 노력했습니다. 제가 이야기하고자 하는 바가 잘 전달되도록 말이지요. 이러한 맥락에서 글쓰기는 자신의 말을 끊임없이 반복해서, 하지만 다른 방식으로 이야기하는 훈련이라 할 수 있습니다. 학자는 이 도전에 늘 열린 태도로 임해야 하지요.

종종 하는 이야기지만, 저의 장점이자 단점은 관심을 기울이

40 | 스탠리 하우어워스와의 대화

는 부분이 너무나 많다는 것입니다. 다루는 주제가 다양하고 넓지요. 그래서 저는 서로 다른 주제들을 다루되 되도록 많은 이들의 도움을 받아 제가 생각하는 바를 드러내려 합니다. 그렇기에 제가 학술 작업을 할 때는 언제나 많은 사람의 도움을 받습니다. 샘도 그중 한 사람이지요. 샘과 같은 사람들이 없다면 작업은 뭔가 잘못될 겁니다. 글은 글쓴이가 생각하지 못한 방식으로 작업을 이어가게 해줄 다른 사람들을 초대하는 방식으로 써야 합니다. 그래서, 말을 지나치게 많이 한 기억은 나지 않네요. 하지만 다른 사람들은 때때로 좋든, 나쁘든 제가 전혀 예상치 못한 방식으로 제 글을 읽습니다.

랭더크 신부님은 어떠신가요?

웰스 듀크 대학교 라크로스팀 사건*이 일어나고 난 뒤 제가 했던 말을 돌아보게 됩니다. 사실 말 그 자체로는 별다른 문제가 없습니다. 그 말 자체가 나빴다고 생각하지는 않아요. 하지만 이렇게

---

* 듀크 대학교 라크로스팀 소속 남학생 세 명이 성폭행 죄로 기소된 사건을 가리킨다. 라크로스팀 선수들이 주최한 하우스 파티에 스트리퍼를 고용했는데, 파티 이후 스트리퍼가 남학생 세 명에게 성폭행 당했다고 주장했다. 이에 남학생들은 1급 강간 혐의로 체포되었고 스트리퍼가 흑인 미혼모임이 밝혀지면서 언론과 대중의 커다란 관심을 받으며 인종차별, 성차별 문제로 확장되었다. 결국 남학생들은 무고한 것으로 밝혀졌지만, 라크로스팀 감독은 감독직을 사퇴했으며 용의자로 지목받은 세 남학생 역시 학교로 돌아오지 못했다.

말을 떼놓고 볼 수는 없지요. 당시 학교 안팎의 여론은 선수들을 매몰차게 대했습니다. 그 사건을 맡은 지방 검사조차 사건을 그렇게 묘사했지요. 인터넷 여론과 대중은 성급히 남학생들이 성폭행을 저질렀다고 확신했습니다. 정황상 남학생들이 실제로 범죄를 저지른 것처럼 보이기도 했지요. 이런 일은 수많은 사람이 지켜 보고 있는 지역사회, 공동체에서도 얼마든지 일어날 수 있으니 말입니다. 당시 사건 직후, 그리고 그 이후에 몇몇 사람들이 그날 제 발언을 성급한 판단이었다고 보는 것은 충분히 이해할 수 있습니다. 냉정하게 당시 일을 돌아보자면, 저는 당시 몇몇 교수진이 취했던 행동을 하지는 않았습니다. 달리 말하면 두 번째 장으로, 즉 그 사건을 인종과 성별 문제로 보지는 않았습니다. 당시 제가 촉구한 것은 대화였습니다. 안타깝게도 당시에 대화는 전혀 이루어지지 않았지요. 대학은 자신이 할 수 있는 일을 하지 않았습니다. 대학교회의 교목으로서 제가 이 부분에 대해 이야기한 것은 옳았어요. 그리고 이 부분에 관해서는 말만 아니라 행동으로도 목소리를 내기 위해 노력했습니다. 이 사안을 두고 저는 설교대 위에서 설교를 하지 않았습니다. 글을 쓰지도 않았지요. 저는 그저 제 마음에서 나오는 말을 신중하게 하려 노력했습니다. 결국 학생들은 무죄로 풀려났습니다. 그리고 지방 검사는 초기에 이미 학생들이 무죄임을 입증할 수 있는 정보를 갖고 있었다는 것이 밝혀졌지요. 알 수 없는 이유로 그는 이 정보를 대중에게 공개하지 않았습니다. 참담한 일이지요. 결과적으로, 저 또한 기소된 학생들과 그들의 가족을 더 힘들게 만들었습니다. 그들은 하지도 않은 범죄를 저질렀다는 혐의를 뒤집어썼고 사람들은 그들이 유죄라 단정하고 그들의 인생을 산산조각내 버렸습니다. 절대로 일어나서는 안 되는 일이 일어났어요. 그때 했던 말들에 대한 후회보다는, 침묵하지 않으면서도 모두를 위한 공정한 동정심을 보여줄 수 있는 말을 할 수는 없었는지 생각해 보게 됩니다.

랜더크 질문을 조금 바꾸어 보겠습니다. 교수님, 지금까지 한 작업을 돌이켜 보았을 때 '더' 말했으면 좋았겠다고 생각하는 부분이 혹시 있으신가요? 혹은 침묵하지 말았어야 했다고 생각이 드는 부분은 없으신지요?

하우어워스 최근에 어떤 사람들은 제가 인종 문제를 두고 많은 이야기를 하지 않는다고 비판했지요. 저는 '인종 문제'라는 말을 정말 싫어합니다. 인종이 던지는 도전은 '문제'라는 말보다 훨씬 더 깊기 때문이지요. 이에 관해 처음 쓴 글은 일리노이주 록아일랜드에 있는 오거스타나 대학에서 강의하던 시절 「오거스타나 옵저버」Augustana Observer라는 학생 신문에 기고한 '블랙파워Black Power에 대한 윤리적 평가'라는 글이었습니다. 저는 이 글을 블랙파워 운동이 흑표범단the Black Panthers으로 대표되는 또 다른 형태의 역차별이라는 그리스도교인들의 주장을 반박하기 위해 썼습니다. 그 운동이 인종차별에 대한 백인들의 죄책감white guilt을 이용하지 않으면서도 자신들의 존재를 보장받기 위한 아프리카계 미국인들의 정당한 시도라고 옹호했지요. 당시 아프리카계 미국인들은 자유주의에 바탕을 둔 백인들의 죄책감을 신뢰할 수 없음을, 그 죄책감으로 인해 오히려 백인들이 자신들을 죽일 것임을 알고 있었습니다. 저는 이 운동을 일종의 니버주의Niebuhrism 운동으로, 이치에 맞게 권리를 내세우는 운동으로 보았습니다. 오거스타나 대학에서 그리스도교 윤리학을 가르칠 때 인종을 언제나 중요한 주제로 다루었습니다. 하지만 이 주제와 관련해 더 글을 쓰지는 않았지요.

60년대를 생각하면, 참 어려운 시기였습니다. 당시 백인이 인종에 관한 글을 쓰는 것은 도덕적으로 우위에 있고자 시류에 편승하는 것과 같았습니다. 그래서 어떤 이들은 그냥 입을 닫고 아프리카계 미국인들이 자신들의 목소리를 내도록 하는 것이 그들의 목소리를 존중하는 것이라고 여기기도 했습니다. 당시에는 그랬어요. 돌이켜보면, 좀 더 말을 하는 게 나았을 것 같기는 합니다. 무슨 말을 해야 했을지는 잘 모르겠지만 말이지요.

랭더크 답해주셔서 감사합니다. 제가 궁금했던 부분이었어요.

하우어워스 좀 더 말해야 했다고 생각이 드는 사안은 페미니즘의 부상입니다. 저는 강연을 할 때 이 사회에서 흑인 운동은 가장 중요한 윤리적 문제를 제기하며, 페미니즘은 가장 중요한 존재론적 문제를 제기한다고 이야기하곤 합니다. 우리 삶과 모든 측면에서 관련이 있다는 점에서 그렇습니다. 우리는 성차별을 얼마나 진지하게 받아들이고 있습니까? 성차별은 어떻게 발생하고 있습니까? 이를 우리는 어떻게 이해하고 있습니까? 이런 질문들을 두고 좀 더 많은 이야기를 할 걸 그랬다는 생각이 듭니다. 다만 꽤나 이른 시기부터 저는 가족과 성에 관한 문제에 대해 많은 글을 썼다는 사실은 밝혀두고 싶군요. 아무도 그 글들을 보지 않겠지만 말입니다. 그때 쓴 글들은 여전히 읽을 만하다고 저는 생각해요. 하지만 이후에도 계속, 더 많은 말을 할 필요가 있었던 것 같습니다.

웰스 교수님이 그랬듯, 사람들이 제가 한 말을 제가 의도하지 않은 쪽으로 해석하는 모습을 보곤 합니다. 이를테면, 처음에는 벤 쾨시Ben Quash와, 2판에서는 레베카 에클룬드Rebekah Eklund와 작업한 『그리스도교 윤리 입문』Introducing Christian Ethics을 들 수 있을 것 같습니다.* 거기서 저는 신약성서에서는 이혼을 허용하는 입장을 끌어낼 수 없다고 분명히 밝혔습니다. 그러니 사람들은 제가 이혼에 대해 너무 부정적인 입장을 취한다고 이야기하더군요. 이혼은 어떠한 의미로든 비극입니다. 하지만 제가 이혼을 허용

---

* Samuel Wells, Ben Quash, Rebekah Eklund, *Introducing Christian Ethics* (NJ: John Wiley&Sons, 2017)

하는 입장을 신약성서에서 끌어낼 수 없다고 했을 때 저는 이혼을 해서는 안 된다고 이야기한 것이 아닙니다. 성서 주석의 차원에서 그렇다고 말한 것일 뿐이지요. 성서 말고도 그리스도교 윤리를 끌어내 수 있는 근거가 있을 수 있습니다. 때에 따라서는 필수적으로, 핵심으로 보이는, 더 좋은 근거들도 있지요.

이런 문제는 성을 두고 일어나는 논쟁에서 종종 발생하곤 합니다. 때때로 사람들은 평생 한 사람에게 충실한 동성 관계를 지지하는 근거가 신약성서에 없으므로 이를 교회가 받아들이고 지지해서는 안 된다고 이야기합니다. 하지만 그런 사람들도 많은 경우 이혼과 재혼은 인정하고 지지합니다. 동일한 근거를 가지고 일관성을 유지하려면 그렇게 할 수 없을 텐데 말이지요.

세상에는 단 두 종류의 집단이 있다고, 오늘날의 경우에는 진보와 보수가 있다고 생각하는 경향이 있습니다. 하지만 저는 그 둘 중 어느 한쪽에 딱 들어맞는 사람이 아닙니다. 신학적으로 보면, 넓은 의미에서 저는 정통파입니다. 윤리의 차원에서는, 제가 사람들이 관심을 기울이는 사안들에 대해 견해를 제시하면 사람들은 제가 진보적이라고 하더군요. 돌이켜보면, 저와 신학적으로는 비슷하되 윤리적인 사안들에 대해서는 저와 다른 견해를 제시했을 때, 그때 좀 더 많이 말하고, 좀 더 책임감 있게 말해야 했다는 생각이 듭니다. 정통 신앙과 보수를 동일시하는 사람들은 제가 특정 사안들에 대해 늘 보수적인 입장을 취할 것이라고 생각하는 경향이 있습니다. 제가 그렇게 하지 않는 사안들에 대해서도요.

랭더크 예를 들면요?

웰스 가장 분명하게 드러나는 부분은 성과 관련된 사안들이겠지요. '포용하는 교회'Inclusive Church라는 영국 단체에서 연례 강연을 한 적이 있는데 그때 저는 시간이 지나면 우세해질 입장에 대해 몇 가지 제안을 했습니다. 논쟁의 몇 가지 전제들을 완전히 바꿀 필요가 있다고 말이지요. 그렇지 않으면, 설령 논쟁에서 (이런 표현을 애써 쓴다면) '승리'를 거둔다 할지라도 커다란 대가를 치르게 될 것이라고 말했습니다. 어떤 사람들은 이를 이해하지 못합니다. "그래서 당신은 우리 편입니까? 아닙니까?"라고 묻지요. 하지만 저는 이런 문제들에 대해서는 섬세한 신학적 접근이 필요하고, 이 접근을 바탕으로 자신의 입장을 형성하는 것이 중요하다고 생각합니다.

하우어워스 제가 잘하는 것, 그리고 샘이 잘하는 것은 바로 틀을 다시 짜는 것입니다. 어떤 사안을 다룰 때 기존의 틀 안에서 한 가지 입장을 택하지는 않으려 하지요. 샘은 신약성서에서 이혼의 정당성을 끌어낼 수 없다고 말했습니다. 제가 덧붙이면, 결혼의 정당성도 신약성서에서 끌어낼 수 없습니다. 전통적인 의미에서의 가족의 정당성은 신약성서 본문에서 끌어내기 어렵습니다. 그리스도께서는 결혼의 의무가 없는 새로운 시대를 여셨습니다. 이에 기대어 우리는 결혼과 이혼이라는 문제를 근본적으로 다시 생각해봐야 합니다. 신약성서에서 그리스도교인들이 나아갈 수 있는 삶의 방법 중 첫 번째는 독신입니다. 그리스도교인들이 결혼에 대해 의구심을 품었던 이유는 성관계를 문제시해서가 아닙니다. 물론 성관계는 언제나 문제가 되고, 그래서 흥미롭지만 말이지요. 당시 교회가 독신을 중시한 것은 성관계를 문제시해서가 아니라 교회의 첫 번째 특성, 그리고 가장 중요한 특성은 혈연 공동체가 아닌 증언하는 이들, 회심한 이들의 공동체라 여겼기 때문입니다.

웰스 듀크 대학교 신학대학원에서 그리스도교 윤리를 가르칠 수 있는 특권을 받았을 때 저는 학생들이 답이 정해져 있다고 생각하는 사안에 대해 다시금 생각해 보게 하려 애썼습니다. 이를테면 이런 질문을 던졌지요. "예수께서는 사람들이 평범한 삶을 살 수 있는 사회 질서를 창조하려 하신 것 같습니까? 아니면 그를 따르는 이들은 평범한 삶을 사는 것이 거의 불가능할 정도로 사회에 도전하신 것 같습니까?"

제 기억에 따르면 거의 3분의 2가량 되는 학생들이 첫 번째를 택했습니다. 상당히 충격적인 결과였지요. '듀크 대학교 신학대학원이라는 이 약속의 땅에서도 성서 내용을 '현재' 일상에 '적용'할 수 있다는 가정 아래 신학을 하고 있구나'라는 생각이 들었습니다. 달리 말하면 예수께서 평범한 미국 중산층의 삶을 보장하기 위해 오셨고 성육신이 중요한 것은 바로 이 때문이라고 생각하는 것이지요. 이는 미국 대형교회 운동이 성공을 거둘 수 있었던 이유이자 그 밑바닥에 흐르고 있는 확신이기도 합니다. 여기에는 성서가 우리 인생의 힘든 과제를 해결해 주는 한에서만 유용하고 의미가 있다는 생각이 담겨 있습니다. 우주, 세계의 질서를 변혁하는 차원은 도외시한 채 말이지요. 저는 단 한 번도 이런 생각을 바탕으로 신학을 한 적이 없습니다. 이건 애써 하우어워스 교수님의 생각을 끌어올 필요도 없던 부분이었지요.

어쩌면, 신학생 시절 처음으로 하우어워스 교수님의 글을 읽었을 때 크게 공감했던 이유는 바로 이 때문인지도 모르겠습니다. 그리고 여전히 이 부분에서 저와 교수님 사이에는 커다란 공감대가 형성되어 있지요. 우리 둘은 모두 이른바 (제가 잘 쓰지 않는 말이지만) 그리스도교 문화의 결을 거스르는 신학을 지향합니다. 이 문화는 예수, 성서, 하느님을 우리의 삶을 좀 더 편하게 해주고 우리의 목적을 달성할 수 있게 해주는 도구로 만들어버리는 경향이 있습니다. 누군가 하우어워스 교수님의 이야기에 불편함을 느낀다면, 그건 교수님이 텍사스 사람이기 때문이 아닙니다. 교수님이 가끔 쓰는 날것의 언어들 때문도 아니에요. 교수님이 이 그리스도교 문화, 오늘날 교회뿐만 아니라 모든 시대에 교회가 안주하려 하는 그 문화에 동의하지 않기 때문입니다.

하우어워스 샘, 방금 한 말이 우리가 앞서 한 이야기, 하루를 살아가는 것과 관련된 복음의 급진적인 성격과 어떻게 연결된다고 생각하나?

웰스 좋은 질문입니다. 음, 경건해 보일 수 있는 위험을 감수하고서 말해보자면 …

하우어워스 너무 큰 위험인데?

웰스 교수님에게 경건해 보이는 건 너무 위험한 일이죠(웃음). 앞에서 언급한 주의 기도 이야기를 다시 해보는 게 어떨까 싶습니다. 그리스도께서 우리의 죄를 용서해주심으로써 우리의 과거를 치유해주셨고, 영원한 생명이라는 선물을 통해 미래에 대한 불안과 두려움에서 우리를 해방하셨음을 믿는다면, 우리는 진정으로 '현재'를 살 수 있게 됩니다. 저 두 선물이 없다면 우리는 과거에 사로잡힌 채 살거나, 미래를 두려워하며 살게 되어 '현재'를 온전히 살지 못하지요. 진짜 삶을 살지 못하게 되는 것입니다.

교수님이 80년대 쓰셨던 시간이라는 선물에 관한 글, 벽돌 쌓기와 같은 시간을 들여야 하는 활동에 관해 쓰셨던 글들에서 분명하게 표현하셨듯, 현재를 사는 것은 조지 허버트George Herbert 식으로 이야기한다면 창문을 통해 영원을 바라보는 정신으로 이루어집니다. 이는 매우 신실한 활동입니다. 과거에 대한 억울함, 분노, 죄책감, 미래에 대한 두려움, 불안에 시달리지 않을 때만 가능하기 때문이지요.

하우어워스 일상을 살아간다는 것은 곧 우리가 있는 곳에서 사는 법을 익히는 것입니다. 로완 윌리엄스Rowan Williams[*]가 이 표현을 사용했지요.[**]

웰스 네. 그리고 그건 사막 교부들의 생각, 자신에게 주어진 작은 공간에서 살아간다는 생각까지 거슬러 올라갑니다. 로완이 사막 교부들에 관해 쓴 책에 나오는 한 구절이 생각나네요.[***]

---

[*] 로완 윌리엄스(1950~)는 영국의 신학자이자 성공회 주교다. 케임브리지 대학교 크라이스트 칼리지에서 신학을 공부하고 옥스퍼드 대학교 워덤 칼리지에서 러시아 신학자 블라디미르 로스키에 관한 연구로 박사 학위를 받았다. 성공회 사제 서품을 받은 뒤 학자이자 성직자로 활동을 병행해 학자로서는 케임브리지 대학교 교수를 거쳐 옥스퍼드 대학교의 레이디 마거릿 교수를 역임했으며 성직자로서는 몬머스의 주교, 웨일스 대주교를 거쳐 2002~2012년 11년간 캔터베리 대주교로 활동했다.

주요 저서로 『심판대에 선 그리스도』Christ on Trial(비아), 『아리우스』Arius, 『사막의 지혜』Silence and Honey Cakes(비아), 『과거의 의미』Why Study the Past?(비아), 『신뢰하는 삶』Tokens of Trust(비아), 『그리스도인이 된다는 것』Being Christian(복 있는 사람), 『다시 읽는 아우구스티누스』On Augustine(도서출판 100) 등이 있다.

[**] 다음의 책에 등장한다. Rowan Williams, *Christ on Trial: How the Gospel Unsettles Our Judgment* (Grand Rapids: Wm. B. Eerdmans Publishing, 2003) 『심판대에 선 그리스도』(비아)

[***] 다음의 책을 가리킨다. Rowan Williams, *Silence and Honey Cakes: The Wisdom of The Desert* (Oxford: Lion Books, 2003) 『사막의 지혜』(비아)

가서 독방에 앉으십시오.

그러면 독방이 모든 것을 가르쳐 줄 것입니다.

자신이 있는 공간에 온전히 머무르라는 철학인 셈입니다.

하우어워스 그리스도교인은 유토피아주의의 유혹에 빠질 수 있습니다. 하느님 나라가 현실화되지 않으면 무언가 잘못되었다고 생각하는 것이지요. 알래스데어 매킨타이어Alasdair MacInyre[*] 교수님이 『도덕 탐구와 관련해 경쟁하는 세 가지 설명 방식』Three Rival Versions of Moral Enquiry에서 주장했듯 유토피아주의는 대안적인 상상의 공간을 그리게 해주는 기능이 있습니다. 하지만 그렇게 하기 위해서라도 우리는 우리가 살아가는 이 세상을 다룰 수밖에 없습니다.

웰스 교수님 쓴 책이 아마 60권 정도 될 겁니다. 거의 성서 66권에 가깝게 쓰셨지요. 교수님에게 그리스도교에 관해 무언가

---

[*] 알래스데어 매킨타이어(1929~)는 스코틀랜드 출신의 미국 철학자다. 런던 대학교 퀸 메리 칼리지에서 고전학을 공부하고 맨체스터 대학, 옥스퍼드 대학교에서 석사학위를 받았다. 1970년 미국으로 이주해 밴더빌트 대학교, 노트르담 대학교 등에서 철학과 교수로 활동했으며 현재 노트르담 대학교 명예 교수, 듀크 대학교 명예 교수로 활동중이다. 현대 도덕 철학과 정치 철학에 기여한 공동체주의 철학자로 평가받는다. 주요 저서로 『덕의 상실』After Virtue(문예출판사), 『누구의 정의인가? 어떤 합리성인가?』Whose Justice? Which Rationality?, 『윤리의 역사, 도덕의 이론』Short history of ethics(철학과현실사) 등이 있다.

더 말해야 한다고 말하는 사람 중에서 교수님보다 더 많은 책을 쓴 사람은 윌리엄 윌리몬William Willimon* 교수님밖에 없을 거예요. 그런데도 무언가에 관해 교수님이 더 말해야 했던 부분이 있다면 아마 종말론eschatology과 목적론teleology의 차이라고 생각합니다. 좀 전에 교수님이 말한 것에 대해서 저는 전적으로 맞다고 생각해요. 하느님 나라가 임하지 않아 무언가 잘못되어 있다고 생각한다면, 그건 아마도 우리가 목적론적 사고방식에 사로잡혀 있기 때문이겠지요. 초등학교 때 부른 찬송가처럼 "이 땅에 평화가 임하기를, 그리고 그것이 나로부터 시작되기를"이라고 생각하는 것입니다. 우리가 하느님 나라가 임하게 할 수 있다는, 우리가 그 방편이 될 수 있다는 생각은 목적론적인 관점입니다. 이때 우리는 하느님 나라가 실현되는 데 꽤나 중요한 역할을 담당하고 있다고 생각합니다. 그래서 우리 행동의 결과가 즉각적으로 나타나기를 바라고 나타나지 않으면 우리가 신실하지 않거나, 잘못했거나, 혹은 하느님께서 우리를 통해 활동하시지 않

---

* 윌리엄 윌리몬(1946~)은 미국 감리교 신학자이자 목회자다. 워포드 대학에서 공부한 뒤 예일 대학교 신학대학원에서 목회학 석사학위를, 에모리 대학교에서 신학 박사학위를 받았다. 듀크 대학교 신학대학원에서 실천신학 교수 겸 듀크 대학교 교목으로 20년간 활동했으며 2004년 미국 연합감리교회 감독이 되어 8년간 활동하다 다시 듀크 대학교로 돌아와 실천신학 교수로 활동 중이다.

주요 저서로 스탠리 하우어워스와 함께 쓴 『하나님의 나그네 된 백성』 Resident Aliens: Life in the Christian Colony(복 있는 사람), 『기억하라, 네가 누구인지를』Remember Who You Are(비아), 『오라, 주님의 식탁으로』Sunday Dinner(비아) 등이 있다.

는다고 생각해 버리지요. 하지만 종말론적 관점에 따르면 하느님 나라를 임하게 하시는 분은 우리가 아니라 하느님입니다. 그분이 우리를 향해, 우리 가운데 당신의 나라가 임하게 하십니다. 이러한 맥락에서 누군가 하느님 나라의 표징을 본다고 해서 그가 신실하다고 말할 수 없고 누군가 하느님 나라의 표징을 보지 못한다고 해서 그가 신실하지 않다고 말할 수 없습니다. 우리는 다만 그리스도께서 다시 오실 때 하느님께서 온전히 이루시리라고 믿으며 우리에게 주어진 길을 걸어갈 뿐입니다.

랭더크 신학자의 경우에는 이를 어떻게 삶으로 드러낼 수 있을까요?

웰스 예를 하나 들어볼게요. 2001년 12월 교수님과 제가 처음으로 함께 블랙웰 길잡이 시리즈 중 그리스도교 윤리 편집 작업을 할 때 미국 신학계는 미국 사회와 똑같이 9.11 테러로 인한 슬픔에 빠져 있었습니다. 교수님은 여러 곳에서 기고 요청을 받았고 한두 개 학술지와 대중 매체에 글을 썼지요. 하지만 교수님은 그 기회를 새로운 책 한 권을 쓸 구실로 삼지는 않았습니다. 어떤 사람들처럼 "거봐, 내가 뭐랬어" 식으로 말하지도 않았고요. 당시 몇몇 사람들은 이러한 끔찍한 상황 속에서는 우리의 신앙을 표현하지 말아야 한다고 이야기하기까지 했습니다. 교수님과 저는 이에 관해 많은 이야기를 나누었고 우려를 표했지요. 그리고 종말론적 맥락에서 일상을 다시금 자리매김하기 위해 노력했습니다. 이러한 맥락에서 2001년 말 교수님은 우리 삶에서 정말 중요한 것들은 변하지 않았다고 말했습니다. 9.11은 모든 것을 바꾸지 않았다고 힘주어 이야기했지요. 당시 미국 사회를 지배하고 있던, 9.11 이후 모든 것이 송두리째 바뀌었다는 언어에 굴복하지 않는 것이 중요했습니다.

하우어워스 맞습니다. 정확히는 이렇게 말했지요. "9월 11일은 역사의 의미를 결정하지 않는다. 기원후 33년이 역사의 의미를 결정한다."

웰스 "언제 구원받았습니까?"라는 질문에도 같은 방식으로 대응할 수 있습니다. 이 물음에 대한 답은 기원후 33년, 혹은 그와 같은 의미를 지닌 말일 것입니다. '내'가 뭔가 정신을 차린 날, 혹은 탕자의 비유를 써가면서 자신이 구원받았다고 '개인적으로' 느낀 날이 아니지요. 그리스도께서 수난받으심으로써 우리가 과거와 미래로부터 해방되었다고 말한 것도 이와 같은 맥락입니다. 언젠가 칼뱅John Calvin도 그리스도의 수난이 우리가 현재를 살아갈 수 있게 한다고 이야기한 적이 있지요. 우리가 하루를 살아가며 하는 모든 일은 예레미야가 아나돗의 밭을 사는 것과 같습니다. 이는 일종의 예언적 징표입니다. 하느님께서 변함없이 당신의 일을 하심을 보여주는 징표말이지요.

하우어워스 생각해 보니, 목적론과 종말론에 관련해 글을 쓴 적이 있습니다. 『진리 안에서 그들을 거룩하게 하여 주소서』*Sanctify Them in the Truth*에 있는 것 같아요. *

웰스 아, 그렇군요. 인세로 43센트를 받았던 책 말이지요?

하우어워스 56센트 받았다네(웃음). 사람들이 거의 주목하지 않는, 하지만 매우 기초적인 신학적 논의들을 제시한 책이었는데 여기서 다룬 적이 있습니다. 뭐라고 했냐면 …

웰스 저는 주목했는데, 나중에 저는 진작에 이 책의 진가를 알아봤다고 말해야겠군요(웃음).

하우어워스 그럴 텐가? (웃음) 어쨌든 뭐라고 했냐면 목적론에는 필연성이 있어요. 생물이 반드시 죽는 것처럼 말이지요.

웰스 역사가 '반드시' 정의를 향한다는 생각도 그렇지요.

하우어워스 맞습니다. 그래서 목적론에 바탕을 둔 설명은 선물을 이야기할 수 없습니다. 어떤 일이 필연적으로 일어난다면 그 일

---

* Stanley Hauerwas, *Sanctify Them in Truth: Holiness Exemplified* (Nashville, TN: Abingdon Press, 1998)

이 선물로 다가올 수는 없겠지요. 이와 달리 세상을 종말론의 눈으로 바라본다는 것은 이 세상이 근본적으로 하느님께서 끊임없이 주시는 선물을 통해 이루어져 있는 것으로 본다는 것입니다. 그렇기 때문에 종말론에 바탕을 둔 설명에는 필연성이 없습니다. 대신 하느님께서 섭리를 통해 세상을 계속 보살피신다고 이야기하지요. 필연성으로 이루어진 세상, 우리가 어떤 일을 하면 반드시 이에 상응하는 보상을 받아야 한다고 여기는 세상에서는 이런 설명이 들어갈 틈이 없습니다.

웰스 언젠가 제가 두 분에게 보낸, 아우슈비츠를 다녀오고 나서 쓴 글을 기억하시는지요? 그 내용이 다 책으로 나오지는 않았지만 말이지요. 저로서는 처음으로 아우슈비츠의 신학적 문제가 무엇인지를 쓴 글이었습니다. 그 글에서 저는 중보기도란 종말의 때, 하느님께서 우리에게 온전히 주시고 드러내실 것을 지금 여기서 보여 달라고 간청하는 것이라 말했지요. 미리 보여달라고 간청하는 것이라고나 할까요.

저는 이런 식으로 신학적 바탕을 만드는 것이 매우 중요하다고 생각합니다. 신학적 바탕은 개인의 신학적 기호나 성향과는 다른 것입니다. 어떤 이들은 "주님, 우리가 정의를 실현할 수 있도록, 새로운 정치 지도자를 마주했을 때 정의를 증언하는 법, 저항하는 법을 알도록 도와주소서"라고 기도합니다. 하지만 이는 하느님께서 온전히 드러내실 것을 지금 여기서 보여 달라고 간청하는 것이 아닙니다. 이런 기도는 교수님이 언급한 목적론의 문제를 지니고 있습니다. 하느님의 목적이라는 필연성과 우리들의 결정과 행동이 결합하면 하느님 나라가 온다는 생각 말이지요.

하우어워스 그런 기도들과 연관된 문법이 있습니다. '단지, 혹은 다만'just의 문법이라고 부르지요. "주님, 당신께서 우리보다 훨씬 더 강하심을 알지만, 단지 ... 이것을 좀 해주셨으면 합니다. 기본적으로 저희 삶은 괜찮습니다. 그래서 저희 논리를 벗어난 어떤 일을 해달라고 요청하지는 않겠습니다. 다만 이것만 좀 해주세요." 이런 문법으로 기도를 하는 사람 대부분은 가난한 사람들입니다. 그래서 이 문법으로 기도하는 이들을 비판하는 건 꼭 바람직한 일이라 생각하지는 않습니다. 어떨 때는 정말 고통스러운 상황 속에서 '단지' 이것만 좀 해달라고 울부짖는 것일 수도 있기 때문이지요. 하지만 텍사스주 휴스턴에서 조엘 오스틴 Joel Osteen 목사가 그런 기도를 할 때면 호되게 비판하고픈 마음이 들기도 합니다.

웰스 맞습니다. 사람들이 기도하는 것에 불평한다면 그것도 정말 이상한 일이겠지요. 기도에 관해 언급할 때는 적절한 시간과 자리에서, 그리고 무엇을 긍정하고 확언해야 하는지 상기하는 방식으로 이야기해야 할 것입니다. 하지만 그리스도교인들의 기도는 하느님께서 어떻게 활동하고 계시는지를 표현하는 가장 분명한 방법이기 때문에 신학자들과 성직자들은 이에 관심을 기울여야 합니다.

하우어워스 이와 관련해 『성공회 기도서』Book of Commom Prayer는 여전히 가장 좋은 자원이라 할 수 있습니다.

웰스 미국 성공회에서 1979년에 개정한 기도서를 말씀하시는 건가요? 아니면 1662년 판을 말씀하시는 건가요?

하우어워스 1662년 판. 하지만 제 생각에는 1979년 판도 62년 판 못지않게 좋습니다. 놀라운 기도문들이 담겨 있지요.

웰스 성공회 기도서에는 정말 훌륭한 기도들이 담겨 있지요. 영성체 후 기도가 생각나네요.

> 우리를 성령의 권능으로 보내소서. 그리하여 당신을 찬미하며
> 당신의 영광을 따라 살고 일하게 하소서.

정말 아름다운, 신학적인 바탕이 잘 다져진 기도입니다.
　교회와 세상을 위한 기도 말미에 이 구절을 넣어 기도해도 좋을 겁니다. 하지만 미국 성공회 교회에서 제가 경험한 바로는 교

인들이 자신의 상황, 혹은 현실과 이 기도들이 연결되어 있다는 생각을 하지 못하는 것 같습니다. 뭔가 부족하다고 생각하지요. 그래서 그 틈을 메우려 하는데 만족스럽지는 않습니다.

하우어워스 성공회 기도서에서 제가 가장 좋아하는 구절은 병든 이를 위한 기도입니다. 이 기도문은 병든 이가 치유되기를 기도하고, 또 기도하지요. 하지만 이렇게 마무리됩니다.

아무것도 할 수 없다면, 용기를 내어 이를 받아들이게 하소서.

세번째 대화

신앙에 관하여

랜더크 신부님, 『얼굴과 얼굴을 맞대고』Face to Face에서 동료 성직자들을 향해 이런 말을 남기셨지요.[*]

> 당신이 하느님을 향해 이야기한다는 것, 하느님을 위해 이야기한다는 것의 의미를 깨달았다면 신자들과 이야기할 준비가 된 것이다.

주일 예배를 제외하면, 언제 하느님을 위해 이야기할 수 있을까요? 그리고 하우어워스 교수님, 교수님은 신학 활동을 하면서하느님을 위해 이야기한다고 생각하시나요?

---

[*] Samuel Wells, *Face to Face: Meeting Christ in Friend and Stranger* (Norwich: Canterbury Press, 2019)

웰스 브렉시트 투표가 끝난 다음 주일, 예배를 시작하기 전에 신자들에게 저는 조심스럽게 이와 관련된 발언을 했습니다. 성 마틴 교회 공동체는 25개의 다른 국적을 가진 이들이 섬기고 있고, 신자들의 배경은 그보다도 훨씬 다양합니다. 구성원들은 투표 결과에 당혹감을 느끼고 실망할 수밖에 없었지요. 저는 말했습니다.

> 지금 이 나라는 아주 좋게 보더라도 다양성에 불안함을 느끼는 사회, 최악의 경우 다양성에 적개심이 가득한 사회로 접어들고 있는 것 같습니다. 미래에 이 나라는 지금까지의 모습과는 다른 모습을 띨지도 모르고 다르게 말할지도 모른다는데 많은 사람이 저항하고 있습니다. 하지만 성 마틴 교회를 섬기는 이들을 대표해 저는 말합니다. 이 나라가 외부인들에게 적대적인 나라가 되고 다양성을 반대하는 공간이 된다 해도 우리의 공동기도는 계속될 것입니다. 그리고 그 기도가 이루어지는 이 교회에는 다양성이 남아있을 것입니다.

몇몇 분들은 제 이야기를 반겼습니다. 하지만 브렉시트에 찬성표를 던졌던 분들의 항의 편지도 받았지요. 그분들은 제가 자신들을 인종차별주의자를 비롯한 온갖 나쁜 존재들로 묘사한다고 생각했습니다. 화가 많이 나 있으셨어요. 저는 답했습니다.

제가 그런 인상을 주었다면 정말 죄송합니다. 하지만 여러분이 브렉시트를 찬성하신다면, 그것이 교회에서 함께하는 이들, 친교를 나누고 있는 이들에게 어떠한 영향을 미칠지 진지하게 생각해 볼 필요가 있다고 생각합니다.

하우어워스 정말 내가 정말 바라던 모습이네. 성직자들은 상황을 분별하고 그 상황 가운데 해야 할 말을 할 수 있도록 훈련이 되어있어야 합니다. 오늘날 많은 그리스도교인이 교인 수 감소, 교회의 정치적 입지가 줄어드는 것을 한탄합니다. 하지만 위와 같은 일들이 좀 더 많이 일어난다면, 교회는 좀 더 많은 사람이 관심을 기울일 만큼 흥미로워질 것입니다.

랜더크 교회가 더 가벼워지고 날렵해져야 한다는 이야기일까요?

하우어워스 맞습니다. 더 가벼워지고 날렵해져야 합니다. 저는 하느님을 위해 말한다는 생각은 해본 적이 없습니다. 다만 하느님께서 성서 전체, 그리고 유대교 및 교회와의 상호작용을 통해 말씀하신 것에 상응하도록 생각하고 글을 쓰려 하지요. 하지만 이런저런 상황에서 하느님을 대변해 이야기한다고 생각해 본 적은 없습니다. 종종 저는 제가 질 나쁜 그리스도교인이기에 신학을 하고 있다고 생각합니다. 제가 보기에 샘은 하느님과 관계를 맺고 있습니다. 폴라(하우어워스의 아내)도 그렇지요. 하지만 저는 그렇지 않은 것 같습니다. 어떤 의미로든 저는 경건하지 않습니다. 물론 경건함이 하느님과 관계를 맺는 유일한 방법이라는 이야기가 아닙니다. 다만, 하느님은 저만을 위해 계시는 분이 아닙니다. 이건 나쁜 일이 아닙니다. 이를 통해서 우리는 이 문제에 대해 정말 진지하게 생각해 보게 되기 때문이지요. 그래서 저는 "하느님께서는 지금 이렇게 말씀하고 계십니다. 그렇기 때문에 우리는 이렇게 해야 합니다"라고 말하는 그런 자리에 제가 있다고 생각하지 않습니다. 저는 그리스도교 역사 가운데, 그리고 제 주변에서 하느님과 직접적인 관계를 맺고 있는 것처럼 보이는 여러 사람에게 의지합니다. 저는 그러고 있지 않으니까요. 그리고 저는 무엇이 그들을 그러한 사람들로 만드는지를 말하려 노력합니다. 저는 하느님을 당연시하는 것의 문제점에 관심이 있습니다. 그래서 일정한 거리를 만들어야 한다고 생각하는 것 같아요. 그 거리감이 있어야 제가 평소대로라면 생각할 수 없는 것들을 생각할 수 있으니 말이지요. 그런 점에서 저는 아침 기도를 사랑합니다. 시편을 떠올리면서 이렇게 기도하지요. "주님, 저는 신실하게 살았습니다. 그리고 법을 지켰습니다. 그리고 세상은 그런 저를 지리도록 팼습니다. 하지만 당신은 하느님입니다 (웃음)."

랭더크 두 분은 매우 친하시지만, 샘은 성직자로서 교수님이 방금 말한 것에 어떻게 반응할지 궁금하네요. 교수님이 교회 신자인데 본인은 질 나쁜 그리스도교인이고 하느님과 직접적인 관계를 맺고 있지 않다고 말한다면 어떻게 반응하시겠어요?

웰스 저는 교수님이 바람직한 그리스도교인의 모습을 저에게 지나치게 투영한다고 생각합니다. 때로는 폴라에게도 그렇고요. 그래서 교수님이 "자네와 폴라"라고 말하면 그 말은 칭찬일 확률이 매우 높습니다.

하우어워스 (웃음)

웰스 하느님께서는 언제나, 변함없이 우리에게 임하고 계신다고 생각합니다. 그래서 누군가가 "나는 그리스도교인이 아니에요"라고 이야기하면 저는 그에게 말합니다. "당신이 믿지 않는 것을 말하지 말고 당신이 진짜 무엇을 믿는지 말해주세요." 그가 "저는 아무것도 믿지 않습니다"라고 말하면 저는 이렇게 답하지요. "저는 당신을 믿지 않습니다. 농담입니다. 그러면 이렇게 물어보겠습니다. 당신은 무엇이 중요하다고 생각하나요? 무엇이 의미가 있다고 생각하나요?" 그리스도교인은 변치 않는 중요한 것들이 자신과 인격적인 관계를 맺기를 갈망합니다. 신앙의 전체 흐름은 바로 여기서 비롯되지요. 그리고 이 인격적인 관계에 대한 갈망이 예수 안에서, 예수를 통해 형성되었다고 그리스도교인은 믿습니다. 이 특수성의 스캔들scandal of particularity이 그리스도교 변증에서는 가장 커다란 장벽이자 넘어야 할 산이지요. 1990년대, 이 문제를 두고 고민하던 저에게 가장 커다란 영감을 주었던 책이 『평화의 나라』였어요.

하우어워스 샘, 내가 하고자 하는 이야기는 자네가 그리스도교 전통 안에서, 전통을 통해 형성된 것 같다는 이야기야. 아마도 그 전통은 자네 아버님이 인도하시는 예배에 자네가 참여하면서 자네를 형성했겠지. 그건 나는 경험해 보지 못한 거야.

웰스 우리 이야기에 아버지가 등장하게 되었군요. 교수님에게는 이미 여러 번 이야기했지만, 아버지가 교수님과 처음이자 마지막으로 나눈 대화가 생각납니다. 아버지가 처음으로 한 말이 잊히지 않습니다. "샘은 나를 닮은 게 아니에요. 엄마를 닮았죠. 엄마가 아주 영리했어요." 교수님, 기억하시나요?

하우어워스 하고말고.

웰스 아버지의 말을 들었을 때 참 슬펐어요. 그분은 자신의 재능을 너무 낮게 평가하셨어요. 물론 어머니에게 지적 재능이 있었던 건 맞습니다. 하지만 그걸 활용할 기회는 얻지 못하셨죠. 간호사로 일하셨고, 이후에는 많이 아프셨습니다. 부모님 세대는 여성이 마음껏 자신의 지적 재능을 발휘할 수 없는 세대였지요.

아버지가 자식에 대한 애정을 잘 표현하지 못하는 세대이기도 했습니다. 제 또래라면 공감할 거예요. 그럼에도 불구하고 아버지는 저에게 커다란 영향을 미치셨지요. 제가 신학 공부를 하면서 당시 영국 주류 신학계에 커다란 영향력을 미치고 있던 불트만Rudolf Bultmann의 논의(삼층 세계관 및 고대의 신화적 세계관, 우주관에 대한 비평)를 접했을 때 아버지는 이렇게 말씀하셨습니다. "글쎄다. 그건 이미 알고 있었어." 뭐랄까, 이렇게 말씀하시는 느낌이었어요. "내가 이미 알고 있는 것 말고 다른 것 좀 이야기해 봐라."(아버지가 이렇게 표현하지는 않으셨지만) 제자도를 향한 부름, 희생하는 삶으로 자신을 따르라는 예수의 부름은 아버지에게 너무나 근본적인 것이었습니다. 예수의 말씀을 제대로 듣는다면 이 부름과 반드시 마주할 수밖에 없다고 생각하셨지요. 최초의 제자들도 옷을 빨고, 말리고, 접고, 다리고, 잡다한 일을 했겠지요. 하지만 복음서는 그런 내용은 기록하지 않습니다. 흥미롭지 않으니까요. 먹을 것을 찾기도 하고, 요리해서 먹기도 했겠지만, 복음서는 이를 상세히 묘사하지 않습니다. 마찬가지로, 흥미롭지 않으니까요. 진짜 중요한 문제는 하느님께서 세상에서 어떤 일을 하고 계시며, 우리는 이에 어떻게 반응할 것이냐는 겁니다. 다른 모든 문제는 그 뒤에 있습니다. 아버지는 이 우선순위를 잊지 않으셨어요. 덕분에 저도 이를 놓친 적이 없는 것 같습니다. 저녁 식사를 마치고 긴 시간 함께 이야기를 나눌 수 있는 많은 문제가 있지요. 사목 활동을 하다 보면, 어떤 분은 묻습니다.

"왜 다른 사람들은 84세까지 잘만 사는데 제 남편은 53세에 죽었어야 했나요?" 성직에 몸담고 있다면 이 물음에 어떻게든 답할 수 있어야 합니다. 하지만 진짜 중요한 질문은 앞에서 이야기한 두 가지 질문뿐입니다. '하느님께서는 이 세상에서 어떤 일을 하고 계시며, 당신은 이에 어떻게 반응할 것입니까?' 이 질문이 얼마나 명료하며 강렬한지를, 그리고 다른 무엇보다 중요한 질문인지를 저는 익히며 자랐습니다. 덕분에 저는 '교회에 그냥 간다'는 것이 어떤 느낌인지도 알게 되었지요. "니케아 신경이 오늘날에도 의미가 있나요? '참 하느님으로부터 나신 참 하느님'이라는 말의 뜻은 무엇입니까?"라는 질문을 받으면 어떤 사람들은 "아, 그냥 넘어가세요. 깊이 생각할 필요 없어요"라고 말합니다. 그래서는 안 됩니다. 이런 질문은 이상한 질문이 아닙니다. 그리스도교인이라면 이런 질문을 던지는 것을 주저해서도 안 되고 이상하게 여겨서도 안 됩니다. 신앙의 여정은 어떤 물음도, 의심도 일어나지 않는 손쉬운 길이 아닙니다. 그 모두가 신앙의 여정에 속합니다.

하우어워스 지금까지 한 대화 중 많은 이야기는 현대 철학의 흐름과도 관련이 있습니다. 무엇과 관련이 있는지를 분명히 밝히지는 않았지만 말이지요. 이를테면 특수성의 스캔들은 비트겐슈타인Ludwig Wittgenstein 및 몇몇 철학자, 그리고 매킨타이어, (제가 별로 좋아하지 않는 표현입니다만) 후기자유주의자들의 논의와 관련이 있습니다. 과거에는 그리스도교로 드러나는 진리에 관한 근본 설명이 있다고 전제했습니다. 그리고 여기서 그리스도교가 참임을 도출했지요. 이는 다른 사안들을 다룰 때와는 다른 방식으로 그리스도교가 참이라고 주장하는 방법입니다. 문제는 이 근본 설명이 예수의 십자가 사건보다 더 중요해진다는 데 있습니다. 저는 샘이 쓴 『실 한 가닥에 매달리기』Hanging by a Thread를 매우 좋아합니다.* 거기서 샘은 어떤 사람이 십자가에 못 박힌 그리스도가 부활한 그리스도라는 것을 알기 위해 어떤 진리에 관한 이론을 요구한다면, 그는 예수가 아니라 이론을 숭배하는 것이라고 지적하지요. 샘이 저의 신학에서 배운 게 있다면 그건 어떤 이론적 토대를 전제하지 않고서도 신학을 할 수 있다는 것입니다. 이로써 우리는 예수께서 모든 것을 변모시키심을 강력하게 주장할 수 있습니다. 우리는 이를 계속해서 보여줘야 합니다. 달리 말하면, 우리는 그리스도의 증인 없이는 그리스도를 알 수 없습니다. 알게 된다면, 그것은 거짓입니다. 우리는 다른 이들의 삶을 통해서만 예수가 누구인지 알 수 있습니다. 제도가 된 그리스도교는 이를 불편해합니다. 많은 이는 잘 알지 못하지만, 그리스도교 세계에 길들여진 교회와 예수가 누구인지 알 수 있는 능력이 인간에게 기본적으로 있다는 가정 사이에는 공생 관계가 있습니다. 저와 샘이 이해하는 그리스도교는 확실함을 바라는 이들에게 불

---

* Samuel Wells, *Hanging by a Thread* (Norwich: Canterbury Press, 2016)

안을 가져다줍니다. 실 한 가닥에 매달리면 그 무엇도 확실하지 않습니다.

웰스 확실하지 않지요. 저와 교수님은 그 모든 불안을 받아들이는 것이 중요하다고 생각합니다. 같은 맥락에서 저는 그리스도교에 대한 가장 날카로운 비판이라고 알려진 논의들을 부러 살펴보곤 하지요. 언젠가 우리는 성 마틴 교회의 협동 사제인 샐리Sally가 구상하여 진행하고 있는 '신부님께 물어보세요'Ask the Vicar를 소개한 적이 있습니다. 예배가 끝나고 안내 시간에 신자들의 질문을 받는데, 지금까지는 항상 아이들이 질문했습니다. 이는 아이들이 단순히 어른들을 미소짓게 하는 존재가 아니라 생각하는 존재로서 역할을 감당함을 보여주지요.

하우어워스 멋진 일이군.

웰스 아이들은 매우 좋은 질문을 던졌습니다. '악마는 아버지가 있나요?' '하느님의 부모님은 누구예요?' 지난 주일에는 이런 질문도 했습니다. '하느님께서 우리 모두를 위해 보낸 분이 예수님 한 분이라면, 어떻게 다른 종교가 있을 수 있나요?' 저는 최대한 간결하게, 그리고 열두 살 눈높이에 맞추어 답을 하려 했지요. 예수는 참 하느님임에도 불구하고 인간이며, 그리스도 안에 있는 하느님은 (이 표현을 쓰지는 않았지만) 우연성에, 언제나 일그러지고, 오해를 낳으며, 잘못된 표현을 낳는 관계에 자신을 넣으셨다고 이야기했지요. 마찬가지 맥락에서 성서 또한 성령의 영감을 받았지만 오해와 잘못된 해석에 휩싸일 수밖에 없다고도 이야기했습니다. 놀라운 점은 다른 종교들에 너무나 많은 진리가 담겨 있으면서, 동시에 그리스도교에서 가장 중시하는 진리는 담겨 있지 않다는 것입니다. 그러므로 성령은 다른 경전들과 종교들을 통해서도 활동하실 수 있습니다. 하지만 성령을 온전히 이해하기 위해서는 그리스도의 특수성을 이해해야 한다고 믿습니다.

저는 우리가 이를 온전히 이해하고 있지 못하다는 점을 가리키기 위해 최대한 노력했습니다. 이건 교수님에게 배운 것이라할 수 있습니다. 우리는 객관적인 관찰자가 아닙니다. 아무도 그렇게 할 수 없어요. 우리는 특정 전통 안에서만 다른 전통을 볼수 있고 그 전통을 존중할 수 있습니다. 그리스도교인들은 자신들이 알지 못했던 부분들을 두고 다른 종교 전통에서 배울 수 있습니다. 하느님은 하느님이심을 받아들인다면 말이지요. 하지만 그리스도교 전통을 다른 모든 종교 전통에서도 통할 수 있게끔합리적으로 만들 수는 없습니다. 어떤 특권을 지닌 위치에 있다고 이야기할 수도 없지요.

하우어워스 그리스도교가 특권을 지닌 위치에 있다고 이야기하는 이들은 보통 '이슬람교에는 무언가 문제가 있어. 불교에는 문제가 있는 것이 분명해'라고 생각합니다. 저는 그리스도교를 이해하기 위해 평생을 노력했습니다. 이슬람교와 불교에 대해서는 전혀 아는 바가 없어요. 그러니까, 저와 샘처럼 생각하기 시작하면, 교회는 이슬람교에서 배울 게 있습니다. 우리가 알아야 할 것은 이슬람교가 잘못되었다는 게 아닙니다. 분명히 차이점이 있을 것이고 그 차이점은 중요할 것입니다. 하지만 차이가 있다는 이유로 서로를 죽일 필요는 없습니다. 그리스도교인이라면 그럴 수 없습니다.

웰스 두 분도 아시겠지만, 제가 자주 읊는 기도가 있습니다.

> 천국에 가고 싶어 당신을 사랑한다면 천국에 가지 못하게 하소서.
> 지옥에 갈까 두려워 당신을 사랑한다면, 저를 지옥에 보내소서.
> 하지만, 오직 당신을, 당신만을 사랑한다면 당신 홀로 와주소서.

이 기도를 쓴 사람은 무슬림입니다. 공적인 자리에서도 이 기도를 종종 인용하는데 때로는 출처를 밝히기도 하고 때로는 밝히지 않기도 합니다. 출처를 밝히면 이후 한 시간 동안 제 말을 안 들을 것 같은 분들을 만날 때 말이지요. 하지만 개의치 않는 분들에게는 출처를 이야기합니다. 제가 매우 아끼는 기도가 그리스도교의 선물이 아니라고 밝히는 것이지요.

하우어워스 그리스도교인들이 다른 종교에서 뭔가 잘못된 점을 발견해야 한다는 생각은 어리석은 생각입니다. 4,000년 동안 수많은 탁월한 사람들이 불교에 이끌렸다면 뭔가 옳은 게 있을 수밖에 없지 않겠어요? 이슬람교도 마찬가지고요. 너는 너의 종교가 있고 나는 나의 종교가 있으니까 서로 관심을 끄자는 이야기가 아닙니다. 그러면 서로 아무것도 나눌 수 없겠지요. 그나저나, 샘, '악마는 아버지가 있나요?'라는 물음에는 어떻게 답했나?

웰스 음, 교수님도 알다시피 저는 칼뱅주의자이니 … 하느님이 창조주라고 믿는다면 그분께서 창조하시지 않은 것은 존재하지 않는다고 답했지요. 누군가 악마에 대한 정교회의 입장을 보인다면, 저 역시 그와 같은 입장이라고 말할 것 같습니다. 하지만 악마에 대해서는 너무 많이 이야기하지 않으려 합니다. 그렇게 되면 악마가 하느님보다 더 흥미로운 것처럼 보일 테니까요. 악마가 타락한 천사라는 정교회의 관점을 취한다면, 악마 또한 인류처럼 결함의 길, 자신의 모든 삶을 하느님께 드리는 예배로 올리지 않는 길을 택했다고 설명을 할 수 있겠지요. 그런데 악마가 궁극적으로 구원을 받을 수 없는 것인지는 모르겠습니다. 악마도 피조물이라면 말이지요. 하느님의 주권을 믿는다면, 누구도, 심지어 자신이 하느님을 거부하기로 선택했다 할지라도 그분의 나라가 일으키는 변혁에 완전히 저항할 수는 없다고 보기 때문입니다.

하우어워스 샘과 제가 진지하게 고민했던 문제가 하나 있는데요. 이런 생각을 해봅니다. 성부 하느님께서 아들을 보내신 것은 우리가 죄인이기 때문은 아닐지도 모른다고 말이지요. 달리 말하면, 그분은 우리가 죄인이든 아니든 오실 운명이었다는 이야기입니다.

웰스 네. 제가 매우 목요일 진행하는 예배 음악 프로그램을 짤 때도 그런 생각이 반영되는 것 같습니다. 《메시아》Messiah와 같은 곡에 관해 이야기할 때도 그런 것 같아요. 이 작품은 대표적인 타락 이후에 관한 신학을 반영하고 있습니다. 좀 전에 교수님이 말씀하신 타락 이전에 관한 신학은 분명 저의 신학의 기초를 이루고 있습니다. 타락 이후에 관한 신학은 애초에 왜 창조가 있었는지를 설명해 주지 못하는 것 같습니다. 하느님께서는 사랑이 넘치시기에 이를 삼위일체 안에 간직하실 수만은 없어서 창조가 일어났다고 할 수도 있겠지요. 하지만 여기서는 창조주와 피조물의 구별을 어떻게 하느냐는 어려운 문제와 마주하게 됩니다. 타락 이후에 관한 신학은 교수님이 '문제 신학'problem theology이라고 부른 것에 지배받고 있습니다. 타락의 결함에 골몰하고 있지요. 이와 달리 타락 이전에 관한 신학은 '풍요의 신학'이라고 할 수 있습니다. 하느님께서는 언제나 관계를 찾고 계시고, 그 어떤 난관이나 결함이나 문제가 있다고 할지라도 여전히, 어떤 면에서는 그렇기에 더 관계를 추구하신다는 점에 초점을 맞추기 때문이지요. 하지만 신학계에서 이 관점은 여전히 소수파입니다. 아퀴나스Thomas Aquinas가 반대편에 있고 바르트Karl Barth는 이쪽에 있지요. 제가 배운 신학은 거의 모두가 타락 이후에 관한 신학이었습니다. 속죄에 초점을 맞추는 신학은 모두 타락 이후에 관한 신학이지요. 물론 저는 이를 사목 활동으로, 윤리적으로 표현하려 합니다. 공적인 자리에서 이러한 관점을 말로 표현하는 것에는 매우 신중하지요. 하지만 타락 이후에 관한 신학은 하느님을 죄와 영원한 삶에 관한 우리의 문제를 고치기 위해 존재하는 분으로 도구화하는 측면이 있습니다.

하우어워스 이렇게 물어보는 게 좋을 것 같군요. 예수에 관련된 '이론'은 이미 무수히 많습니다. 그런데 왜 예수의 '삶'이 필요합니까?

웰스 저에게 물어보시는 건가요? 아니면 우리 모두 그 질문을 생각해봐야 한다는 것인가요?

하우어워스 당연히 우리 모두 생각해야지. 이 질문을 붙들고 분투해야만 하느님 나라가 올 때 우리가 어떻게 그 일부가 되는지를 좀 더 적절하게 생각해 볼 수 있게 되지요. 그리스도가 어떤 분인지를 앎으로써 우리는 그분의 제자가 됩니다.

웰스 청소년기 이후 제가 줄곧 부름을 받았다고 느꼈던 그리스도교가 무엇인지를 깨닫는 데는 상당히 오랜 시간이 걸렸습니다. 중요한 의미에서 그리스도교는 응답하는 것입니다. 모든 것을 팔아 가난한 자들에게 나누어 주고 자신을 따르라는 그리스도의 부름에 응답하는 것, 그분의 활동에 동참하는 것이지요. 이는 그리스도의 죽음과 그 의미에 전적으로 좌지우지되지는 않습니다. 소명이란 십자가가 이룬 것을 받아들이는 것이기보다는 그리스도를 따라 십자가로 나아가는 것입니다. 여기에는 상당히 분명한 윤리가 자리 잡고 있습니다. 신학이 (부활에 대한 이해를 동반할 수도 있고 그렇지 않을 수도 있는) 그리스도의 죽음, 그리고 죽음에 관한 특정 이해에 완전히, 혹은 거의 전적으로 지배받는다면 그로부터 발생하는 윤리는 결코 분명하지 않습니다. 저는 언제나 이것이 윤리를 파괴한다고 생각했어요. 우리의 구원을 결정하는 주머니가 있고, 그 안에는 단 하나의 질문(예수 그리스도께서 우리를 구원하셨음을 받아들이냐, 받아들이지 않느냐)만이 있다면 여기서 어떤 윤리가 생성되지는 않습니다. 여기서 모든 관심은 그 질문을 긍정하느냐 부정하느냐에 맞춰져 있기 때문이지요. 많은 사람이 일요일마다 교회에 가는 이유는 바로 이를 긍정하기 위해, 긍정한다고 확신하기 위해서겠지요. 이 지점에서 길이 갈라진다는 것을 깨닫는 데 상당한 시간이 걸렸습니다. 그리고 교수님이 말씀하셨던 '그리스도의 삶'이 지닌 신학적 중요성이 커다란 도움이 되었지요.

하우어워스 흥미롭군. 그런 이해는 성공회 전통과 긴장을 이룰 수밖에 없는데 말이지. 성공회 전통은 대체로 성육신을 인간의 현 상태를 긍정하는 논리로만 활용했지 예수를 따르라는 명령으로 이해하지는 않았으니까. 이건 사실상 인간중심주의입니다.

웰스 맞습니다. 한 책에서 흥미로운 지적을 하는데, 그 책이 어떤 책이냐면 ...

하우어워스 『예수의 정치학』The Politics of Jesus?*

웰스 맞아요. 그 책에서 몇몇 성공회 신학은 '성육신'을 단순히...

하우어워스 인간성을 긍정하는 것이라고 했지.

웰스 무비판적으로 말이지요. 저는 그 비판이 타당하다고 생각합니다. 매우 날카로운 비판이에요.

하우어워스 강력하기도 하고.

웰스 반박할 수 없는 비판이지요.

---

*   John Howard Yoder, *The Politics of Jesus* (Grand Rapids: Wm. B. Eerdmans Publishing, 1972) 『예수의 정치학』(IVP)

네 번째 대화

상대에 관하여

랭더크 샘 신부님, 신부님은 교수님의 저술들을 처음 읽었을 때의 경험에 대해, 그리고 그 경험이 신부님을 얼마나 변화시켰는지에 대해 여러 지면에서 밝히고 또 말했는데요. 이와 관련해 조금 다른 방식으로 묻고 싶습니다. 교수님이 진짜 원하는 것, 정말로 이야기하고자 했던 것은 무엇이라고 생각하시나요?

웰스 참된 그리스도교가 있음을 전하고 싶으셨던 게 아닐까 싶습니다. 기본적으로 교회의 가르침을 신뢰하고, 결점이 있음에도 불구하고 교회에서 일어나는 활동을 온전히 누리며, 세계에서 일어나는 일들에 온전히 참여하는 그리스도교, 그렇게 함으로써 성서, 교회의 역사, 교회의 현재 상태에 대해 변명하지 않는 그리스도교 말이지요. 변명하지 않는다는 말은 잘못을 뉘우치지 않는다거나 결점들에 애통해하지 않는다는 뜻이 아닙니다.

우리가 소중히 여기는 것의 핵심 부분을 부끄러워해서는 안 되며 세상에 온전히 참여하기 위해서는 (제가 그리 좋아하는 표현은 아니지만) 온전히 교회가 되어야 한다는 뜻이지요. 그리고 이러한 믿음 아래 교수님은 무자비하고 날카롭게 교회에 대한 대안들, 예를 들어 국가, 가족, 다른 체제들을 살펴보고 이들을 분해했죠. 또한, 교수님은 일말의 부끄러움도 없이, 아니 뻔뻔스러울 정도로 그리스도교가 제시하는 대안들을 검토하고, 삶에서 일어나는 근본적인 물음에 대한 그리스도교의 대안들이 그 어떤 대안들보다 탁월하다고 말했습니다. '우리는 당신들보다 연약하니 이거라도 붙들게 좀 내버려 두세요'라는 자세가 아니라 '우리에게는 수호해야 할 전통이 있습니다'라는 자세로 말이지요. 이건 우리가 좋고 나쁜 문화의 기준점을 제시할 것이니 동의하지 않아도 따라야 한다는 식의 제국주의가 아닙니다. 부끄러워하지 않고 확신 가운데 약속을, 하느님께서 우리가 필요로 하는 모든 것을 주신다는 확신에서 나오는 약속을 제시하는 것이지요.

하우어워스 난 내가 유머 감각이 있어서 샘이 나를 좋아했다고 생각했는데 말이지요(웃음).

웰스 어느 정도는 그렇습니다(웃음). 개인적인 차원에서, 교수님과 저는 꽤 다른 사람인데도 불구하고 가까워질 수 있었던 이유는 유머 코드가 맞아서라고 생각해요. 어쨌든, 교수님의 저작들은 각기 다른 방식으로 제게 영감을 주었습니다. 이를테면『비전과 덕』Vision and Virtue은 정말 흥미로운 책이었습니다.* 저도 아이리스 머독Iris Murdoch**의 책들을 읽었지만, 교수님은 그녀의 작품들을 자신만의 시선으로 엮어냈고 그 작품들과 다른 작품들을 연결했지요. 하지만 아무래도 가장 큰 영감을 준 책은『평화의 나라』겠지요. 제가 그전에 읽었던 그 어떤 신학책보다도 제 가려운 부분을 시원하게 긁어주었거든요.

하우어워스 한마디 해도 될까요. 참, 부담스러운 일입니다. 누군가 이야기를 진지하게 받아들인다는 사실은 엄청난 부담이에요. 물론 우리는 누군가 자신의 이야기를 진지하게 들어주기를 바랍니다. 하지만 실제로 누군가 자신의 이야기를 진지하게 들으면 이를 자신이 진짜 바라는 것인지 확신할 수 없게 되지요. 자신의 이야기는 구멍이 뻥뻥 뚫려있는 것처럼 보이기 때문입니

---

*   Stanley Hauerwas, *Vision and Virtue: Essays in Christian Ethical Reflection* (Notre Dame, IN: Fides Publishers, 1974)

** 아이리스 머독(1919~1999)은 아일랜드 출신 영국의 여성 철학자이자 소설가다. 옥스퍼드 대학교 서머빌 칼리지에서 그리스 라틴 문학과 철학 등을 공부했으며 제2차 세계대전이 일어나자 유럽 등지에서 전시 난민 구호 활동에 종사하다 1946년 영국으로 돌아와 케임브리지 대학교 뉴엄 칼리지에서 추가로 철학을 공부한 뒤 1948년부터 옥스퍼드 세인트 앤 칼리지에서 철학을 가르쳤다. 1954년『그물을 헤치고』Under the Net로 등단한 뒤에는 소설가로도 활동했으며『바다여 바다여』The Sea, The Sea로 부커 문학상을 받았다. 20세기 영국을 대표하는 소설가이자 철학자로 평가받는다. 주요 저서로『불과 태양』The Fire and the Sun,『선의 군림』The Sovereignty of Good(이숲),『그물을 헤치고』(민음사),『바다여 바다여』(민음사) 등이 있다.

네 번째 대화 │ **83**

다. 말하고 싶은 무언가를 말하기 위해서는 좀 더 알아야 할 것들이 있는 것처럼 보여요. 저는 자주 편지를 받습니다. 편지에는 제가 그 사람의 인생을 바꾸었다는 이야기가 담겨 있지요. "교수님 덕분에 저는 그리스도교인이 될 수 있었습니다." "교수님 덕분에 저는 목사, 혹은 신부가 될 수 있었습니다." "교수님 덕분에 저는 비폭력에 헌신하기로 결심했습니다." 이런 이야기들을 들으면 저는 제가 정말 실 한 가닥에 매달려 있음을 깨닫습니다. 동시에, 저보다도 저를 더 진지하게 받아들이는 독자가 얼마나 소중한지를 깨닫지요. 저는 제 약점을 알기에, 적어도 일부를 알기에 저를 진지하게 받아들이는 것을 불편해하기 때문입니다. 누군가 제가 사람들의 삶을 바꾸고 싶어서 글을 썼다고 이야기한다면 그 이야기 자체가 흥미로운 문제입니다. 저는 듀크 대학교에서 그리스도교 윤리의 핵심 과정을 가르쳤습니다. 생각해보면 우스꽝스러운 일이지요. 윤리학을 배우면 윤리적인 인간이 될 수 있을까요? 그렇지 않습니다. 저는 학생들에게 말합니다. 여러분이 여러분의 삶을 좀 더 윤리적으로 만들고 싶어서 이 강의를 듣는다면 너무 늦었다고 말이지요. 절대 그렇게 안 됩니다. 그렇다면 저는 윤리학을 가르치면서 도대체 무엇을 하는 것일까요? 바르트의 표현을 빌려 말하면, 결국 학생들이 신문을 비판적으로 읽는 것을 돕는 것이라 할 수 있습니다. 어떤 이야기들이 우리를 형성하는지 볼 수 있도록 말이지요. 그리고 목사, 신부가 되려는 이들에게 저는 교회, 신자들과 대화하는 법, 그리고 '선한 사람'이 무엇인지, 그리스도교인들에게 '선한 사람'이 된다는 것의 의미가 무엇인지를 가르치고 알려주려 노력합니다. 하지만 강의를 진행하면서도 저는 늘 '내가 지금 무엇을 하고 있는지, 나는 정말 알고 있기는 한 건가?'라는 생각이 들어요.

전례와 관련된 강의를 오랫동안 진행하고 나서 저는 블랙웰에서 펴낸 그리스도교 윤리학 입문서를 썼습니다. 어떻게 보면, 그 과정의 결실이라 할 수 있겠지요. 강의를 진행하며 저는 우리 삶에 전례가 미치는 영향을 살피고 그 가운데 윤리를 이해할 수 있게 하려 했습니다. 그리고 학생들이 그리스도교 전례 전통의 가치를 다시 발견할 수 있게 하려 했지요. 다시 말하지만, 학생들이 자신이 전하려는 바를 진지하게 받아들이게 하는 것은 부담스러운 일입니다. 하지만 그것이 바로 교수의 소명이겠지요.

랜더크 제 기억으로는 교수님은 이렇게 말씀하시곤 했어요. "제가 관심을 갖는 것에 여러분도 관심을 가져야 합니다." 맞나요?

하우어워스 맞아요, 맞아요. 기억력이 좋군요(웃음). 한동안은 그 강의를 십계명에 대한 강의로 바꾸었는데, 전례에 대한 강의가 더 중요했다고 생각합니다. 샘, 자네는 내가 말하는 이 부담이 뭔지 알겠지?

웰스 당연하지요. 설교할 때는 늘 그 부담을 느끼고 요즘은 라

디오를 진행하면서도 느낍니다. 리처드 헤이스Richard Hays 교수*
가 췌장암 진단을 받았다는 소식을 듣고 나서 저는 '오늘의 생각'
을 진행했습니다. 그날 저는 세 가지 기도(성육신의 기도, 부활의 기
도, 변모의 기도)에 관해 이야기했어요. 그리고 투병 중인 친구를
위해 변모의 기도를 드린다고, 오늘 사람들과 나누는 대화가 마
지막 대화가 될 수도 있으므로 그가 좀 더 풍요로운 시간을 누릴
수 있기를, 그래서 매 순간이 소중하고, 전보다 더 강렬하고 진
실한 삶을 살기를 기도한다고, 그래서 그 모든 과정이 축복이 될
수 있게 되기를 기도한다고 했지요. 방송을 마치니 톰 라이트 주
교에게 전화가 왔습니다. 진짜로요. 한 3분 뒤에 왔는데 아마 방
송이 갈무리될 때까지 기다린 것 같았습니다. 그리고 그는 말했
습니다. "오늘 방송에서 한 이야기는 리처드를 염두에 두고 한
이야기지요?"

2주 전에는 어떤 분에게 이메일이 왔습니다. 그날 제가 방송
에서 한 이야기를 듣고 그리스도교인이 되었다고 하더군요. 제

---

* 리처드 헤이스(1948~)는 미국의 신약학자다. 예일 대학교에서 영문학
을 공부하고 같은 대학교 신학대학원에서 목회학 석사학위를 받은 뒤
에모리 대학교에서 박사학위를 받았다. 1981년부터 1991년까지 예
일 대학교 신학대학원에서 신학을 가르치고 2002년부터 2018년 은
퇴할 때까지 듀크 대학교 신학대학원 신약학 교수로 활동했다. 신약
학에 상호텍스트성 이론을 처음으로 소개하고 그 대화를 이끈 학자로
평가받는다. 주요 저서로 『신약의 윤리적 비전』The Moral Vision of the New
Testament(IVP), 『예수 그리스도의 믿음』The Faith of Jesus Christ(에클레시아 북스),
『복음서에 나타난 구약의 반향』Echoes of Scripture in the Gospels(감은사) 등이 있
다.

가 기억하는 것보다 더 자세하게 제가 한 말을 기억하고 계셨어요. 그러면서 그 이야기가 어떻게 자신의 삶 전반에 대한 접근을 바꾸었는지를 이야기하시더군요.

교수님, 그리고 제 친구 존은 그런 편지를 받으면 이런 내용이 담긴 답장을 쓰더군요. "아닙니다. 당신이 제 삶을 바꿨습니다." 사람들은 종종 유명한 사람들에게 "당신이 출연한 TV 프로그램을 잘 봤습니다", "프루스트Marcel Proust씨, 『잃어버린 시간을 찾아서』The Remembrance of Things Past를 잘 읽었습니다. 2권이 1권보다 더 좋은 것 같아요" 같은 내용이 담긴 편지를 보내지요. 교수님은 정말 대단한 사람들과 이런 식으로 편지를 주고받습니다. 저는 그런 적이 없지만 말이지요. 그런 편지나 이메일을 써본 적도 없고요. 그래서 그런 편지나 이메일을 받을 때 전후 사정이 담겨 있지 않으면 그분들이 어떤 계기로 편지나 이메일을 쓰게 되었는지, 방송이 나간 뒤 3~4년 뒤에 저에게 이와 관련된 내용으로 편지를 쓰셨는지를 잘 알지 못합니다. 제가 그분들의 삶을 바꾸었다는 건 진실이 아닙니다. 바뀌었다면 하느님께서 하신 것이겠지요. 그분들은 그걸 제가 한 말과 연결해서 저에게 편지를 쓰셨겠지만 말입니다.

하우어워스 저도 그렇게 생각하려고 노력합니다(웃음).

랭더크 그럼 신부님은 교수님에게 편지를 쓴 적이 없나요?

웰스 "당신이 제 인생을 바꾸었습니다" 같은 내용을 담은 편지는 쓴 적이 없습니다. 다만 제가 쓴 논문 일부를 보냈지요. 교수님은 여백에 글을 써서 다시 보내주셨어요. 전혀 알아볼 수 없는 글씨였는데 아주 큰 도움이 되었다고 말했지요.

하우어워스 하하.

웰스 그다음부터는 교수님이 제게 편지를 보내주셨어요. 이후 가까워진 순간은 ⋯ 교수님이 기포드 강연을 했던 때였어요. 우리는 긴 시간 함께 산책했습니다. 긴 시간 산책하기에는 너무나 불편한 신발을 신고서 말이에요.

하우어워스 그랬지.

웰스 난감했지만, 산책은 정말 멋졌습니다. 장관을 본, 아름다운 날이었어요. 우리는 스스럼없이 개인적인 이야기를 나누었습니다. 놀랍게도 교수님은 제게 말했어요. 교수님의 삶에 대한 저의 이야기는 아주 통찰력 있다고, 교수님 인생에서 해결되지 않은 문제들을 저와 나누고 싶다고, 그 문제에 대해 신학적으로 생각해 볼 수 있도록 도와주었으면 좋겠다고, 이러한 어려운 문제들을 대할 때도 그리스도교인으로서 대하고 싶다고 말이지요. 아주 친근한 어투로 말이에요. 그때부터 저희는 그렇게 하고 있습니다. 벌써 20년 전 일이네요. 이제는 교수님께 전화가 오면 전화 내용을 듣기도 전에 어떤 이야기를 하실지 거의 알 정도인 것 같습니다.

하우어워스 맞습니다. 학생에서 선생이 된 것이죠.

웰스 엄밀히 말해, 제가 교수님의 제자는 아니지만 말이지요. 하지만 교수님에 관한 책을 썼으니 학생으로 봐도 좋지 않을까요.

하우어워스 저는 평등하지 않은 권력 관계에서 우정의 관계로 나아가는 것을 소중히 여깁니다. 지금까지 저는 75개나 넘는 학생들의 논문을 지도했습니다. 그리고 그 학생들과는 그러한 관계로 나아갔다고 믿고 싶어요. 누군가에게 계속 의지만 하는 것은 그에게 결코 좋은 일이 아니기 때문입니다.

　에클레시아 프로젝트Ekklesia Project*에 참여했을 때 제가 가르쳤던 많은 학생이 찾아왔습니다. 당시 저는 몸이 좋지 않은 상태였어요. 저를 만나기 위해 수천 킬로 떨어진 곳에서 온 학생이 제가 아침 달리기를 할 수 있도록 도와주었지요. 저는 현기증을 일

---

* 에클레시아 프로젝트는 다양한 교단에 속한 신학자, 성직자, 평신도가 모여 만든 그리스도교 단체다. 1998년 스탠리 하우어워스, 스티븐 롱Stephen Long, 윌리엄 캐버너William T. Cavanaugh 등이 주축이 되어 만들어졌으며 2022년 841명의 정식 회원이 있다. 14개의 책자와 수십여 권의 책을 발행했으며 매년 다양한 강연을 열고 있다.

으키는 약을 먹고 있었는데 그것도 그 친구가 챙겨주었지요. 저는 그 친구에게 말했습니다. "필, 난 머지않으면 79세가 되네. 이 땅에 있을 시간이 그리 많이 남지 않았어." 그랬더니 필이 눈물을 흘리며 말하더군요. "교수님, 저는 교수님을 보낼 준비가 되지 않았습니다." 이런 관계가 형성된 것은 축복입니다. 하지만 우리는 누군가와 이런 식의 관계를 맺기를 원하지 않지요. 우리는 누군가에게 의지하는 관계, 누군가가 자신에게 의지하는 관계를 원하지 않습니다. 하지만 우정은 상대의 죽음을 준비할 수 있는 관계여야 합니다. 우리는 친구가 세상을 떠나지 않기를 바라지만 동시에 우리는 모두 곧 죽을 수 있다는 사실을 인정해야 합니다. 그러한 면에서 우정과 죽음은 긴밀한 연관이 있어요.

웰스 스코틀랜드에서 산책을 함께 했을 때 처음으로 교수님과 가까워졌다면, 또 다른 단계로 올라선 계기는 교수님이 블랙웰 시리즈의 그리스도교 윤리 부분에 자신과 함께 공동 집필자로 참여해 달라고 요청을 하셨을 때였습니다. 교수님에게 가르침을 받은, 교수님과 친분을 맺은 75명의 학생 중 한 사람에서 동료가 된 느낌이었어요. 그리고 보니, 이걸 교수님께 물어본 적이 없네요. 그냥 갑자기 결정하신 건가요? 아니면 오랜 시간 생각하고 결정하신 건가요?

하우어워스 그냥 갑자기 결정한 걸세.

웰스 그럴 줄 알았습니다(웃음). 교수님이 그런 문제를 두고 그렇게 오래 생각하실 분은 아니지요.

하우어워스 난 그냥 알고 있었어요. 우리는 친구가 되었고, 함께 작업할 수 있다고 생각했습니다. 샘을 가장 신뢰한 이유는 샘이 내 이야기를 너무나 잘 이해하고 있어서 내 이야기를 흉내 내지 않았기 때문이에요.

웰스 교수님이 말했지만, 저는 교수님의 논의를 흉내 내지 않았어요. 제 이력도 그렇죠. 저는 일류 대학교의 교수도 아니었고, 교수님처럼 많은 학술 서적을 쓰지도 않았고, 신학계 담론에서 별다른 비중을 차지하지도 않습니다. 교수님만큼 책을 많이 읽지도 않아요. 그래서 교수님이 인용하는 책들이 흥미롭더라도 그걸 시간을 내 따로 읽는 경우가 많지 않습니다. 1500쪽이 넘는 두꺼운 책은 두말할 것도 없죠. 그냥 훑기만 합니다. 저에게는 그런 역량이 없어요. 그래서 저는 어떤 포괄적이면서도 논의에 종지부를 찍는 답을 제시하지 않습니다. 제가 겸손해서가 아니에요. 그리고 학술 논문은 제가 선호하는 글쓰기 방식이 아닙니다.

하우어워스 샘은 범주를 나누고 이에 따라 분류하는 데 탁월한 재능이 있습니다. 저에게는 그런 능력이 없어요.

웰스 교수님은 예시를 드는 것도 잘 안 하시지요. 저는 예시를 드는 것을 선호합니다. 목록을 만드는 것도 좋아하지요.

하우어워스 맞습니다. 저는 예일 대학교의 신학 교육이 리처드 니버H. Richard Niebuhr가 쓴 『그리스도와 문화』Christ and Culture의 지배를 받고 있다고 언제나 비판했어요.* 예일에서 신학을 공부한 사람들은 니버가 제시한 유형 중 마지막 유형이 제일 좋다는 인상을 받기 쉽습니다. 유형론은 언제나 일정한 주장을 감추고 있다고 생각하기에 저는 유형론을 좋아하지 않아요. 하지만 샘의 분류는 다릅니다. 전주곡, 1악장, 2악장 같은 느낌이에요.

웰스 저는 '보편적'Universal, '전복적'subversive, '교회적'ecclesial이라는 범주를 썼지요.

하우어워스 네, 이러한 구분은 유형론이 아닙니다. 이 특성들을 어떤 개념에서 끌어왔는지는 모르지만, 우리 이해를 돕는 것은 분명하지요. 전 샘이 하는 작업을 전적으로 지지합니다. 다만 샘처럼 분류를 하지는 못하겠어요. 아마 제가 샘보다 더 많이 철학을 공부했고, 그런 방식으로 연구하기 때문에 그런 것 같습니다. 하지만, 샘이 한 작업을 보면 감탄이 절로 나와요. 저는 우리가

---

* H. Richard Niebuhr, *Christ and Culture* (New York: Harper and Brothers, 1951) 『그리스도와 문화』(IVP)

각자 나름의 방식으로 신학적 헌신을 했기에 친구가 될 수 있었고 이는 결코 우연이 아니라고 생각합니다. 11월이면 노트르담 대학교의 윤리와 문화 센터Center on Ethics and Culture 20주년이 됩니다. 센터에서는 제게 장애인과의 우정이라는 주제를 두고 강연을 해 달라고 했어요. 매우 기대됩니다. 강연에서는 지적 장애가 있는 이들이 비장애인들을 친구로 여기는 것의 의미를 다루어볼까 합니다. 비장애인들이 지적 장애인들을 친구로 여기는 것의 의미가 아니라 말이지요. 저와 샘은 둘 다 어떤 식으로든 영향력을 행사하고 있습니다. 그런 사람들끼리 나누는 우정 말고 다른 우정도 있지요. 비장애인이 지적 장애인을 친구로 여기는 경우 말고 지적 장애인이 비장애인을 친구로 여기는 경우가 그런 경우지요. 그리고 이는 하느님께서 우리를 친구로 여기신다는 것과도 관련이 있다고 봅니다. 아퀴나스가 말했듯 최고의 복은 우리가 하느님의 친구가 되는 것이라고 생각하거든요. 이처럼 우리가 하는 신학 작업은 너무나도 인간적이고 구체적인 관계들로 가득 차 있습니다.

웰스 교수님과 저는 언제나 함께하는 프로젝트가 있습니다. 특히 제가 듀크 대학교에 있을 때는 매우 다양한 활동을 함께 했지요. 교수님은 저와 함께한 그 시간을 '운동 시간'이라고 불렀어요. 그리고 그 프로젝트들은 모두 미국 대학에서 복음이 갖는 의미가 무엇인지에 대한 물음과 관련이 있었습니다. 어떤 기관, 혹은 제도의 모습을 취하고 있는지, 어떻게 발전해야 모두에게 이로울 수 있는지, 어떤 도전들이 도움이 되는지, 어떤 것들에 저항해야 하는지, 어떠한 것들이 과대평가 받고 있는지 등을 다루었지요. 프로젝트가 바뀐 뒤에도 교수님과 저는 비슷한 대화를 이어가고 있습니다. 요즘에는 성 마틴 교회에서 하는 일이나 제가 영국에서 하는 일들에 관해 이야기를 나누지요. 하지만 실제로는 모두 같은 대화입니다. 근본적인 차원에서는 같은 프로젝트고요. 그런 점에서 우리는 여전히 동료입니다. 같은 대학교 동료와는 다른 방식의 동료 말이지요. 우리에게 은퇴란 없습니다. 실제로 은퇴하더라도 같은 프로젝트를 이어가며 같은 방식으로 대화를 계속할 것이기 때문이지요. 교수님과 저의 관계의 독특한 점은 바로 여기에 있는 것 같습니다. 대부분의 친구 관계에서는 서로 다른 세상에 살고 있다는 게 너무나 당연하잖아요. 그 관계가 유지되는 것은 과거에 함께한 기억, 공통의 체험이 있기 때문이겠지요. 하지만 교수님과 저는 언제나 함께 프로젝트를 진행하고 있습니다. 우리는 여전히 같은 작업실에서 활동하고 있다고 생각해요. 비록 한 사람은 미국에, 다른 사람은 영국에 살고 있다 할지라도 말이지요. 교수님 말대로 우리가 여전히 각자 나름의 방식으로 신학적 헌신을 하고 있어서일 겁니다.

하우어워스 프로젝트를 함께 한다는 것은 사람들에 대한 판단을 공유한다는 뜻도 됩니다. 우리는 뒷담화를 즐기거든요(웃음).

웰스 뒷담화를 즐기는 건 교수님이시지요(웃음). 저는 그냥 장단을 맞출 뿐이고요.

하우어워스 달리 말하면, 저는 사람을 올바로 이해하는 데 관심이 많습니다. 누군가 어떤 사안을 두고 이야기를 했을 때 그가 정말 그 사안에 관심이 있어서 이야기를 하는지, 아니면 다른 사람들에게 자신이 그 사안에 관심이 있음을 보여주고 싶어서 그러는지 말이지요. 샘과 저는 사람의 성품에 관심이 많기 때문에 이에 관해 많은 이야기를 주고받습니다.

웰스 교수님이 저에게 남긴 인상을 제가 누군가에게 남겼다는 느낌이 들었을 때 저는 교수님이라면 이에 관해 뭐라고 말했을까 생각이 들곤 합니다. 누군가와 긴 시간을 함께 보내면 어떠한 상황과 마주했을 때 그가 할 법한 말이 머릿속에 떠오르게 되고 그 말과 상대를 하기 마련이지요. 물론 꼭 그 말대로 내 입장을 바꿔야 한다는 이야기는 아닙니다. 이를테면 영국 문화 중 일부와 관련된 교수님의 견해가 그렇지요.

하우어워스 저는 도통 이해가 안 되는 부분이 있어요. 크리켓이 대표적입니다.

웰스 그러시더라고요.

하우어워스 누군가와 오랜 기간 친구로 지내다 보면 자신도 알지 못했던 자신의 생각에 대해 알게 되는 때, 그리고 친구 또한 자신과 같은 생각을 하고 있었음을 알게 될 때가 있습니다. 저와 샘은 그래요. 이 또한 매우 진귀한 경험이지요. 이런 생각과 판단은 무언가로부터 필연적으로 도출되는 생각과 판단이 아니기 때문입니다. 이는 통찰력과 관련이 있어요. 요즘 저는 이 문제에 관심이 많습니다. '통찰력은 얼마나 중요한가? 그리고 통찰력은 어떻게 발생하는가?' 왜 어떤 사람은 통찰력이 있어 보이고, 어떤 사람은 없는 것처럼 보일까요? 어떤 사람이 자신이 통찰력을 분명하게 표현해낸다면 그건 어떤 과정을 통해 이루어지는 것일까요? 다른 사람들을 판단할 때 통찰력은 어떻게 작용할까요? 흥미로운 문제입니다. 어떤 사람이 누군가를 용서한다고 했을 때, 때로는 그를 진실로 용서한 것이 아니라 그를 조종하려는 것일 수도 있습니다. 참된 용서와 권력 행사를 구분해내는 것은 결국 이를 분별해낼 수 있는 통찰력 같아요.

샘의 설교는 통찰력으로 가득 차 있어서 매우 설득력이 있습니다. 저는 통찰력이 철학적인 논증과 주장은 하지 못하는 방식으로 사람들의 공감을 끌어내고 이전에는 닿지 못했던 것으로 그들을 인도한다고 확신합니다. 하지만 우리는 대체로 추상적인 것에 골몰하는 경향이 있습니다. 그러면 저는 또다시 생각해보게 되죠. 통찰력은 도대체 어디서 오는 것인지 말입니다.

웰스 경험에 대한 반성에서 나오는 게 아닐까요? 제가 실천신학자라면 그걸 프락시스praxis라고 불렀을 것 같습니다.

하우어워스 그건 그렇고, 내가 댈러스에서의 강연을 위해 썼던 실천신학에 관한 글을 본 적이 있나?

웰스 없는 것 같습니다. 하지만 실천신학을 맹렬히 비판하셨을 것 같아요(웃음).

하우어워스 맹렬히 비판했지.

웰스 전혀 놀랍지 않네요(웃음). 내용을 흉내 낼 수도 있을 것 같아요. 아마 이러시지 않았을까요. "주최 측에서는 실천신학에 관해 이야기해 달라고 했지만 저는 그 요청부터가 너무나 불편합니다. 신학이 실천적이지 않다고 전제한 다음 실천신학과 (이론)신학을 대비하기 때문입니다. 저는 이것이 학계와 교회의 전형적인 문제라고 생각합니다."

하우어워스 맞네. 정확해. 그리고 이렇게 말했어. "제가 이런 주제의 강연을 맡았다는 게 아이러니합니다. 저는 사목적으로 세심하다는 평을 받고 있지 않기 때문입니다."

웰스 아, 맞다. 제가 그 부분을 빠뜨렸네요(웃음). 저도 그 글을 읽어보고 싶습니다.

랭더크 지금까지 두 분이 친구가 된 과정에 대해, 그리고 서로의 인생에 어떠한 영향을 미쳤는지를 이야기 해봤는데요. 샘 신부님이 듀크 대학교를 떠난 일은 두 분에게 어떤 영향을 미쳤는지 궁금하네요. 그 일을 두고 두 분은 어떤 이야기를 나누셨나요?

웰스 편한 분위기에서 이루어진 대화도 있었고, 무거운 분위기에서 이루어진 대화도 있었던 것 같습니다. 제가 듀크 대학교에 있을 때 교수님은 당신이 지향하는 신학적 윤리학의 분명한 지지자로서 제가 엘리사처럼 교수님의 역할을 이어받기를 바라셨던 것 같습니다. 그래서 제가 이야기했지요. "교수님, 저와 교수님은 다르지 않습니까. 그건 저의 소명이 아니에요." 이 대화는 편한 분위기에서 이루어졌고 교수님은 제 이야기를 존중했습니다. 무거운 분위기에서 이루어진 대화는 제가 영국에 돌아가겠다는 이야기였어요. 당시 영국에서 사목 활동을 하라는 로완 윌리엄스 대주교의 권고, 아이들의 정체성 문제, 아내 조의 부모님을 돌보는 문제 등을 고려해서 내린 결정이었지요. 하지만 이를 교수님께 이야기하는 건 꽤나 힘든 일이었습니다.

하우어워스 우리 둘 다 눈물을 흘렸지요.

웰스 정말 힘들었습니다. 교수님은 제가 듀크 대학교에 오는 데 매우 큰 도움을 주셨고 듀크 대학교에 있는 동안에는 매우 긴밀한 관계를 맺었으니까요. 아직 구체적으로 시작하지 못했던 프로젝트도 있었거든요(교수님이 "그거 써보게"라고 말했던 게 전부였습니다). 감정이 복받쳐 올랐어요. 제가 교수님께 성 마틴 교회에 가기로 했다고 말씀드렸을 때가 생각나네요.

하우어워스 아, 정말 힘들었어요.

웰스 당시 교수님은 머리와 가슴이 따로 노는 듯했습니다. 머리로는 그 결정을 이해하셨지만, 가슴으로는 받아들이지 못하는 것 같았어요. 우리가 당시 나누었던 대화들은 전문적이면서도 동시에 개인적인, 다른 친구 사이, 동료 사이에서는 경험하지 못했던 그런 수준의 대화였기 때문이지요. 다른 사람과는 절대 그런 대화를 나눌 수 없을 겁니다.

하우어워스 당시 머리로는 샘의 아이들에 대해 생각했습니다. '샘과 조가 아이들을 미국인으로 키우고 싶어 할까?' 그때 영국으로 돌아가지 않았다면 아이들은 영국인이 아니라 미국인이 된다는 점이 마음에 걸린다는 점을 이해했습니다. 아이들이 영국인의 정체성을 가졌으면 했던 둘의 바람도요. 물론 실제로 둘은 그보다는 아이들이 그리스도교인이 되기를 바랐지만 말입니다. 그리고 로완 윌리엄스의 친구로서 그가 샘에게 영국에 와달라고 한 것은 잘한 일이라고 생각했습니다.

웰스 교수님은 제가 무엇을, 왜 하려 하는지 다 이해하고 있었어요. 하지만 마음에 상처를 입으셨다는 것도 알았지요. 사랑하는 사람에게 상처가 된다는 것을 알면서도 무언가를 해야 할 때가 있습니다. 인생에서 가장 힘든 순간 중 하나지요.

하우어워스 샘이 처음 듀크 대학교의 교목이 되었을 때를 생각해 보았습니다. 어떻게 보면, 참 기적 같은 일이에요. 샘을 추천하기는 했지만, 진짜 교목이 될 거라고 생각은 하지 않았습니다. 당시 듀크 대학교 총장이었던 딕 브로드헤드Dick Broadhead가 면접을 봤는데, 그는 아주 냉정한 면접관이었어요. 당시 샘은 영국 한 지역 교회에서 활동하고 있는 사제였습니다. 미국에서는 무명이었다는 이야기지요. 그런데 딕이 저를 부르고서는 묻더군요. "그 샘 뭐더라, 암튼 그 친구 물건이던데, 내가 자리를 제안하면 수락할까? 그리고 계속 할까?" 그 전에 저는 미리 샘에게 혹시나 교목을 맡게 되면 최소 7년에서 10년은 있어야 한다고 이야기했습니다. 그리고 이를 딕에게 말해주었지요. 그러니까 딕이 샘에게 자리를 제안하더군요.

웰스 그래서 총장님이 저에게 두 번 전화를 했군요. 처음에 전화

했을 때는 "만약에, 만약에 말입니다. 당신에게 교목을 제안한다면 얼마나 있을 수 있습니까?"라고 물어봤어요. 그리고 일주일 즈음 뒤에 교목 자리를 제안하더군요.

하우어워스 그 뒤 샘은 듀크 대학교회를 학교의 중심지로 만들었습니다. 진짜 볼 만했어요.

다섯 번째 대화

어린 시절에 관하여

랜더크 어린 시절 하우어워스는 어떤 아이였나요?

하우어워스 어제 아침 그 질문이 담긴 이메일을 받고 나니 『한나
의 아이』Hannah's Child를 읽어야겠다는 생각이 들더군요.* 거기에
나온 성장기 이야기를 읽었지요. 어머니와 아버지에 대한 기억
은 선명합니다. 어머니가 돌아가셨을 때 제 손자들에게 쓴 편지
를 보니 어머니가 어떤 분이셨는지를 잘 묘사했더군요. 아버지
장례 예배 때 했던 설교도 아버지가 어떤 분이셨는지를 잘 묘사
했다고 생각합니다. 매우 온화한 분이었어요. 어린 시절과 관련
해 빠져서는 안 되는 이야기는 일에 관한 이야기지요. 우리 가족
은 다 일을 했습니다. 제가 네다섯 살 때, 어머니는 괭이질하는

---

*   Stanley Hauerwas, *Hannah's Child: A Theologian's Memoir* (Grand Rapids: Wm.
     B. Eerdmans Publishing, 2010) 『한나의 아이』(IVP)

법을 가르쳐주셨어요. 당시 우리 집은 커다란 채마밭을 갖고 있었는데 식물들이 잘 자라게 하려면 괭이질을 해주어야 했기 때문입니다. 괭이질을 하고 나서는 아버지와 함께 또 다른 일을 했지요. 일의 연속이었습니다. 그래서 일찍부터 계속 일하는 습관이 든 것 같아요.

랭더크 성격은 어땠나요?

하우어워스 잘 모르겠어요. 관심을 받고 싶어 했던 아이였던 것 같습니다. 학창 시절, 선생님은 제가 입을 다물 줄 모르는 게 문제라고 이야기하셨지요. 그리고 제 책상에 작은 문구를 붙이셨습니다. "조용히 해라."

웰스 그래서, 어떻게 되었나요?

하우어워스 남의 말에 거역하는 법을 빨리 익혔죠(웃음). 저는 외동이었고 사람들에게 관심을 받기를 바랐어요. 왜 그랬는지는 모르겠는데 그랬던 것 같습니다. 그리고 『한나의 아이』에서도 밝혔지만, 읽는 법을 배우는 데 오래 걸렸어요. 이와 관련이 있는지 모르겠지만 대학원생들은 한동안 제가 난독증에 걸렸다고 생각하기도 했습니다. 제가 자주 단어를 잘못 발음하기 때문이지요. 그런데 어느 날 야구를 다룬 책을 발견하고 이를 읽으면서

차차 읽는 법을 터득했습니다. 이후로는 조그만 학교 도서관에 있는 책들을 차근차근 읽었죠. 2학년인가 3학년이 끝날 무렵에는 다른 친구들보다 많은 책을 읽었어요. 이후 독서는 언제나 제 삶의 중요한 부분을 차지했습니다.

랭더크 이야기를 나누는 오늘은 교수님의 생일이기도 합니다. 혹시 기억에 남는 생일이 있으신가요? 교수님 가족은 생일잔치를 열어주었는지요?

하우어워스 기억이 나지 않네요. 생일을 그리 중요하게 여기지는 않았던 것 같습니다. 생일 케이크를 먹은 기억이 없어요. 어머니 생일도 모르고요. 아버지 생일은 기억합니다. 12월 24일이거든요. 성탄절과 헷갈리곤 했지요. 어쨌든 생일이라고 해서 특별한 일을 하지는 않았어요. 먹고 살기도 힘든 시절이었거든요. 기념일 같은 것을 챙길 시간이 없었습니다.

랭더크 먹고 살기 위해 하는 일 외에 따로 하는 건 없었나요?

하우어워스 교회에 갔지요. 그게 전부였어요. 우리 가족은 플레전트마운드감리교회에 갔습니다. 교회에서는 오랜 시간을 보냈지요. 일요일에는 종일 교회에 있었어요. 오전에는 예배를 드리고 오후에는 여러 활동에 참여했습니다. 교회에서는 매년 '망자의 날' 행사를 했습니다. 텍사스는 날씨 때문에 묘지가 먼지투성이가 되었기 때문이지요. 그래서 그날에는 묘지에 가서 묘비를 닦고 자리를 재정비하곤 했습니다. 큰 행사였어요. 지금까지도 기억에 남아있을 정도로 인상적이었습니다. '망자의 날' 덕분에 저는 살아있는 한 제 인생은 마무리되지 않음을 알게 되었습니다 (웃음). 아무튼, 우리 가족은 남는 시간은 교회에서 보냈어요.

랭더크 『한나의 아이』에서 교수님은 감리교에 대해 많이 언급하십니다. 유년 시절 중에 감리교와 관련된 경험이나 이야기가 있으신가요?

하우어워스 음, 교회에서는 구원 체험을 강조했습니다. 그와 관련된 일들이 꽤 기억나네요. 하지만 저는 그게 싫었어요. 그런 체험을 해보지 못했거든요. 그래서 주일 저녁 예배에 더 열심히 참여하지 않았나 싶습니다. 열두 살 정도 되었을 때, 저는 아버지가 건축을 감독한 새 플레전트마운드교회 예배당에서 열린 저녁 예배에 열심히 참여했어요. 흰색 벽돌로 된 교회 건물보다 저녁 예배의 모습이 더 생생하게 제 기억에 남아있습니다. 『덕과 성품』The Character of Virtue에서 샘의 아들 로리에게 저는 그 시절 만났던 "해거드 아빠"에 관한 이야기를 전해주었지요.* "해거드 아

---

* Stanley Hauerwas, *The Character of Virtue: Letters to a Godson* (Grand Rapids: Wm. B. Eerdmans Publishing, 2018) 『덕과 성품』(IVP)

빠"는 당시 80대 노인이었는데 예배를 드릴 때면 언제나 맨 앞 자리에 앉으시곤 했습니다. 러셀 형제가 설교를 시작하면 커다란 보청기를 들어서 최대한 설교를 들으려 하셨지요. 교인들은 플레전트마운드의 모든 아이에게 해거드 아빠를 사랑해야 한다고 말했습니다. 그분이 우리를 사랑하시기 때문이라고 했지요. 생각해보면, 그분은 우리에게 일말의 관심도 없으셨습니다(웃음). 그리고 어느 날 세상을 떠나셨지요. 토요일에 장례식을 치렀던 것으로 기억하는데 무척 더운 날이었습니다. 땀이 막 줄줄 흘러내렸지요. 그렇게 부모님과 자리에 앉아 있었는데, 어느 순간부터 교인분들이 해거드 아빠를 보려고 줄을 섰습니다. 저희도 줄을 섰지요. 아버지는 저를 안고 관으로 데려갔습니다. 해거드 아빠의 죽은 몸을 보여주려고 말이지요. 저는 그 모습을 보고 싶지 않았어요. 생각해보면, 저 역시 죽게 된다는 걸 받아들이기 싫었기 때문이 아닌가 싶습니다. 이윽고 관을 보게 되었고, 해거드 아빠가 보였지요. 근데 놀랍게도 그분 얼굴이 전에 없이 좋아 보였습니다(웃음). 장의사가 화장을 잘해서 살아계셨을 때보다 더 좋아 보이시더군요. 그분의 가슴에 둘린 빨간 띠에는 이런 문구가 적혀 있었습니다. "영원은 지금이다." 이런 장면이 제 안에 깊게 새겨져 있습니다. 어린 시절은 그런 식으로 보낸 것 같아요.

랭더크 많은 분이 『한나의 아이』를 읽고 가장 흥미로워했던 점은 교수님이 학계에 오래 계셨는데도 여전히 노동자 계급의 습관을 유지하고 있는 것처럼 보였다는 점이었어요. 학계에서 활동하게 되면서 가족과 거리감을 느꼈던 적은 없으셨나요?

하우어워스 물론 있었지요. 사우스웨스턴 대학에 들어갔을 때만 해도 어머니, 아버지와의 관계에 특별한 변화는 없었습니다. 하지만 예일 대학교 신학대학원에 들어갔을 때는 거리감이 생겼지요. 그때 저는 부모님이 상상할 수 없는 삶의 길로 나아가고 있었습니다. 인생 대부분 시간을 책을 읽으며 보낸다는 생각 자체가 부모님에게는 생경한 것이었어요. 부모님은 예일에서 공부한다는 것의 의미와 예일에 있는 사람들이 어떤 삶을 사는지 상상할 수 없으셨던 것 같습니다. 예일에서 공부함으로써 저와 부모님 사이에 어떤 거리가 생겼는지를 보여주는 상징적인 사건이 있었어요. 그때 아버지는 총을 갖고 계셨는데, 저는 그걸 들고서 아버지에게 말했습니다. "이 빌어먹을 물건은 완전히 사라져야 해요." 아버지에게는 청천벽력 같은 이야기였을 겁니다.

하지만 부모님은 그런 저를 내버려 두셨어요. 제가 가던 길을 계속 가도록 놓아 주셨습니다. 그게 두 분이 제게 주신 가장 커다란 선물 같아요. 당신들은 상상하지도 못한 삶이었지만, 그 삶을 계속 살도록 하신 것 말이지요. 부모님은 제가 걷는 길이 그리스도교인이 되는 것과 관련이 있다고 믿으셨기에 괜찮다고 생각하셨습니다. 그렇게 말해주셨던 것 같아요.

랭더크 총 이야기로 답을 조금 주시기는 했는데, 거리감이 생겼는데도 불구하고 부모님을 존경한다는 것이 어떤 의미인지, 혹은 어떤 의미였는지 궁금하네요.

하우어워스 『한나의 아이』가 그 의미를 담고 있다고 생각합니다. 어머니는 거의 병적으로 잊히는 것을 두려워하셨어요. 저는 그게 어머니를 불행하게 만들었다고 생각합니다. 하지만 전 사람들이 어머니를 기억하기를 바랐습니다. 그래서 손자인 조엘과 켄들에게 편지를 썼고 그 편지를 『한나의 아이』에 수록했지요. 언젠가 샘은 우리 삶은 잠시 반짝였다가 사라지는 빛과 같다고 말한 적이 있는데 그 말에 동의합니다. 우리 삶은 아주 잠시 빛나다 사라집니다. 우리는 모두 잊히겠지요. 하지만 아주 잠시라할지라도, 살아있다는 것은 얼마나 아름다운 선물입니까. 잊히지 않기 위해 애를 쓴다면 우리는 더 빨리 잊힐 거에요. 그래서 저는 『한나의 아이』에서 부모님을 묘사할 때 잊힐 모습을 애써 붙잡기보다는 그분들에게 있던 '선한 사람'은 어떤 모습을 하고 있는지를 그리려 했습니다. 그분들은, 결국, 잊힐 테니까요. 저도 마찬가지고 말이지요.

랭더크 교수님 어머니께서 잊히는 걸 두려워하셨다면 교수님이 두려워하는 건 무엇인가요?

하우어워스 언젠가, 제가 좋아하는 코넬 웨스트Cornel West*가 던졌던 질문이네요. 음, 제 인생에서 소중한 사람들을 실망시키는 것이 두렵습니다. 저는 단 한 번도 그들이 생각하는 제가 진짜 저라고 생각해 본 적이 없습니다. 이 두려움이 적절한지 아닌지는 모르겠지만, 저에게는 분명 이런 두려움이 있어요. 그리고 두려움까지는 모르겠지만, 늙는 게 싫습니다. 어떻게 하면 더 잘 늙을 수 있는지 알고 싶어요. 『그리스도 안에서 늙어가기』Growing Old in Christ라는 꽤 좋은 책을 편집하고 거기에 글도 실은 사람이라면 잘 늙는 법을 알아야 하는데 말입니다.** 그런데 잘 모르겠어요. 죽음에 대해서는 꽤 많이 생각했지만, 늙는 것에 대해서는 그만큼 생각하지 못했던 것 같습니다. 잘 늙는 법은 잘 죽는 법과는 또 다른 과제이지요. 다시 한번 말하지만, 그걸 두려워하는지는 잘 모르겠습니다. 싫을 뿐이지요.

---

* 코넬 웨스트(1953~)는 미국의 철학자이자 신학자, 활동가다. 하버드 대학교에서 철학을 공부하고 프린스턴 대학교에서 석사학위와 박사학위를 받았다. 이후 뉴욕 유니온 신학교, 예일 대학교 신학대학원, 파리 대학교, 프린스턴 대학교, 하버드 대학교 신학대학원 등에서 교수로 활동하다 2021년 뉴욕 유니온 신학교로 돌아와 디트리히 본회퍼 교수로 활동하고 있다. 현재 미국을 대표하는 흑인 철학자이자 신학자로 평가받으며 정치 평론가, 운동가로도 활발한 활동을 벌이고 있다. 주요 저서로 『인종 문제』Race Matters, 『희망을 회복하기』Restoring Hope, 『1퍼센트의 부자들과 99퍼센트의 우리들』The Rich and the Rest of Us(태일소담출판사) 등이 있다.

** Stanley Hauerwas(편집), *Growing Old in Christ* (Grand Rapids: Wm. B. Eerdmans Publishing, 2018) 『그리스도 안에서 나이 듦에 관하여』(두란노)

랜더크 다른 사람을 실망시키는 것에 대한 두려움 … 그 두려움이 항상 있나요? 아니면 없을 때도 있나요?

하우어워스 설교를 할 때나 강의를 할 때면 두려움을 잊어버리지요. 그럴 활동을 할 때면 거기에 몰입해서 그린 깃 같습니다. 어떤 영이 나를 장악한 것 같은 느낌이랄까요. 그때 저는 제가 하는 말을 믿습니다. 단순히 말할 필요가 있다고 생각되는 것을 말하는 것은 힘든 일이에요. 그래서 설교나 강의를 할 때면 저는 제가 창조한 무언가에 사로잡힌 채 그 상태에서 다른 사람들에게 이야기를 전하려 합니다. 그러면 때때로 사람들이 제 이야기에 깊은 영향을 받는 경우가 있어요. 제 이야기에 사람들이 그 정도까지 영향을 받아야 하는지는 확신이 서지 않습니다. 제 이야기에 영향을 받아 특정 입장을 갖는 것에 책임을 지고 싶어 하지 않기 때문이지요. 이러한 맥락에서 저는 종종 비폭력에는 일종의 부도덕함이 있다고 지적합니다. 비폭력을 추구하면 그러한 믿음으로 인해 다른 누군가가 고통받는 것을 지켜보게 될 수도 있습니다. 사람들이 살해당하는 상황 가운데 비폭력을 추구하면 그 사람들을 구할 수 없겠지요. 극단적인 가정이지만, 이러한 상황도 일어날 수 있음을 충분히 알아야 합니다. 모든 진지한 도덕적 입장은, 그 입장으로 인해 누군가 고통받는 것을 지켜봐야 할지도 모른다는 점을 받아들여야 합니다. 다른 입장을 가진 상대를 향해 어떻게 말해야 할지, 혹은 이를 자기 삶의 일부로 어떻게 받아들여야 할지 잘 모른다는 것도 말이지요. 내 믿음 때문에 고통 받는 이들은 나와 같은 믿음을 갖고 있지 않을 수 있습니다. 그렇기 때문에 이 문제는 매우 어려운 과제입니다. 정전론 just war theory을 지지하는 이들도 마찬가지입니다. 전쟁이 정당할 수 있다고 믿는다면 그 믿음 때문에 누군가가 고통받는 모습을 지켜봐야 할 것입니다. 그러므로 정전론이 참이라면 이를 믿으며 살아가는 데는 아주 깊은 이유가 있어야 합니다. 그리고 그리스도교인이라면, 그 깊은 이유를 그리스도론의 관점에서 표현할 수 있어야 한다고 생각해요.

랭더크 그런데 현실에서 교수님은 교수님의 믿음으로 인해 고통받을 수도 있는 이들, 교수님의 의견을 진지하게 받아들이는 이들을 평생 만나지 않을 수도 있잖아요. 그렇다면 가까이 있는 사람들은 어떨까요? 교수님의 아들, 혹은 손자들에게 교수님이 바라는 것은 무엇인지 궁금합니다. 언젠가 교수님이 제가 아이들을 잘 양육하고 있다면 아이들이 인기가 많지는 않을 것이라고, 그리고 아이들의 안전에 신경을 쓰지는 않을 것이라고 말씀하셨던 게 기억납니다.

하우어워스 그랬지요.

랭더크 손자들에게 바라는 것이 있다면 무엇인가요?

하우어워스 글쎄요. 제 아들 애덤은 정신질환이 있는 엄마 밑에서, 커다란 긴장감이 감도는 환경에서 자랐습니다. 애덤이 아이를 키우겠다고 결심한 것 자체가 저에게는 엄청난 축복으로 다가왔습니다. 얼마나 놀라운 일입니까. 애덤과 로라(애덤의 아내)는 조엘과 캔들을 함께 있으면 기분이 좋아지는 아이들로 키웠습니다. 손자들은 미국 연합 그리스도 교회United Church of Christ 소속 교회에서 자랐습니다. 저는 미국 연합 그리스도 교회를 '그리스도를 숙고하는 유니테리언들'이라고 말합니다. 미국 사회에 있는 평범한 그리스도교 교회라는 이야기지요. 그러한 환경 가운데서, 손자들이 더 신앙이 깊어지는 방향으로 나아가기를 바랍니다.

아이들에게 그리스도교인이 된다는 것이 어떠한 의미가 있는지를 설명해 주기란 매우 어렵습니다. 하지만 언젠가 손자들이 "할아버지는 어떤 분이었다고 말해야 할까? 적어도 그분은 그리스도교가 놀라운 모험이라는 것을 알리기 위해 평생을 바친 분이었어"라고 말할 수 있도록 저는 최선을 다했습니다. 가끔 사람들은 아이들에게 "너희들 스탠리 하우어워스를 아니?"라고 물어봅니다. 그러면 아이들은 답하지요. "그럼요. 저희 할아버지예요." 언젠가 이 아이들이 스탠리 하우어워스를 할아버지로 두었다는 사실 때문에 당혹스러운 일을 겪을 수도 있음을 알고, 왜 당혹스러운 일을 겪는지에 대해 더 많이 알기를 바랍니다. 그게 제 바람입니다.

랭더크 손자들을 위해 어떤 기도를 하시나요?

하우어워스 좋은 선생들을 만나기를 기도합니다. 저의 경우에는 대학교 은사였던 존 스코어John Score 선생님이 그랬지요. 그분은 제 인생을 크게 바꾸었습니다. 예상치 못한 순간에 그런 분들이 나타나서 아이들이 나아갈 길을 인도해 주기를 기도해요. 제 손자들은 중산층, 혹은 그보다 조금 더 나은 환경 가운데 살고 있습니다. 물질적으로 풍요로운 환경은 사람들을 진지하게 만들지 못하게 할 수도 있지요. 그런 환경 가운데서 자란다는 이유로 아이들이 삶의 무게를 망각하는 일이 없기를, 그 무게를 진지하게 묻는 길로 나아가기를 바랍니다.

랭더크 샘 신부님, 신부님은 두 아이를 위해 어떤 기도를 하시나요?

웰스 하느님께서 그들과 함께하시기를 기도하지요. 아이들이 하느님께서 자신들과 함께하신다는 것을 알기를 기도하고요. 그리고 아이들이 이를 바탕으로 삶을 이해하기를 기도합니다. 그게 전부예요.

랭더크 아이들이 어떤 사람으로 성장하기를 바라시나요?

웰스 다른 이들에게서, 관계 속에서 기쁨을 찾는 사람이 되기를 바라지요. 그렇게 기쁨을 안기는 세상에 공헌할 수 있는 나름의 방법을 찾았으면 해요. 기쁨을 누리고 이를 다른 이들과 나누는 것이지요.

랜더크 박사님께도 교수님에게 던진 질문과 같은 질문을 던지고 싶습니다. 어린 시절 샘 웰스는 어떤 아이였나요?

웰스 글쎄요, 세 가지 이야기를 늘 마음에 품고 있던 아이였습니다. 첫 번째 이야기는 누나과 형이 태어난 지 얼마 되지 않아 세상을 떠났다는 것입니다. 저는 네 번째로 태어났는데 부모님은 저를 귀한 선물로 여기셨고 그래서 새뮤얼이라는 이름을 지어주셨지요. 두 번째 이야기는 어머니께서 난민이셨고 난민의 자식이었다는 것입니다. 그래서 그분은 당신이 독일 피난민이라는 사실을 감추려고 독일 억양을 완전히 없애려 부단히 노력하셨지요. 그런 점에서 저는 늘 비밀이 있는 아이였습니다. 아, 그러고 보니 이야기가 네 가지네요. 지금 떠오르는 이야기는 아버지께서 매우 중요한 일을 하고 계셨다는 것입니다. 아버지는 가족의 지지가 필요했고 우리는 아버지가 하시는 일을 늘 좋게 바라보려 노력했습니다. 그분이 더 힘들어하시지 않도록 말이지요. 네 번째 이야기는 세 번째 이야기와 관련이 있는데 바로 아버지가 성직자였고, 할아버지도 성직자셨으며, 증조할아버지도 성직자셨다는 점입니다. 하지만 아버지의 삶은 순탄치 않았습니다. 아버지가 사랑하던 고모는 서른의 나이로 세상을 떠났고, 고모보다 더 사랑하던 큰아버지는 마흔둘의 나이에 세상을 떠나셨어요. 큰아버지 이름은 마틴이었는데 제 중간이름도 마틴입니다. 그러고 보니 교수님 중간이름도 마틴이고 제가 현재 섬기는 교회 이름도 마틴이네요. 아무튼, 아버지는 그런 비극을 잇달아 겪으셨어요. 제가 다섯 살 때 어머니는 많이 편찮아지셨고 제가 열여덟 살이 될 때까지 그 상태로 계시다가 세상을 떠나셨어요. 아마 이게 제 어린 시절에 가장 큰 영향을 미쳤을 겁니다. 생활의 모든 부분이 어머니가 편찮으시다는 사실과 관련이 있었어요. 하루에 세 시간은 위층에서 따로 휴식을 취하셨는데 학교에 갔다가 집에 돌아오면 차 한잔을 드리곤 했습니다. 휴가를 가더라도 어머니 기분을 좋게 해드리는데 온 신경을 써야 했고요. 누나는 더 어머니를 잘 모셨어요. 둘은 정말 가까웠고 모든 이야기를 나눴지요. 생각해보면, 어머니의 가장 친한 친구는 누나였던 것 같습니다. 어머니가 편찮아지기 시작하셨던 때, 누나가 여덟 살 때부터 말이지요. 그때 저는 인생이 지뢰밭 같다고 생각했어요. 소심하고 걱정 많은 아이였던 것이지요.

제 어린 시절과 관련해 또 알아두면 좋을 두 가지 사실이 있어요. 하나는 아버지께서는 지극히 전형적인 영국인이었다는 것입니다. 삼대째 성직자, 안정적이고 온화하고 신뢰할만한, 한결같은 분이었지만 종종 자기를 지나치게 낮게 보셨지요. 아버지는 넷째셨는데 할아버지와 할머니는 첫째와 셋째를 아꼈고 어쩐 일인지 둘째와 넷째는 그만큼 아끼지는 않았던 것 같습니다. 그 첫째와 셋째는 먼저 세상을 떠났고, 아버지는 사랑받지 못한 자신이 살아남았다는 죄책감이 있으셨던 것 같아요.

다른 하나는 어머니께서 유대인 가정에서 태어났다는 점입니다. 그런데 혼란스러운 세월을 보내면서 외할아버지, 외할머니는 매우 보수적인 그리스도교인이 되셨지요. 두 분은 매우 금욕적인 삶을 사시면서 유대인들을 전도하는 데 일생을 바치셨습니다. 2차 세계대전 이후 시대의 흐름과는 잘 맞지 않은 일이었지요. 그래서 저는 또 하나의 비밀을 갖게 되었습니다. 누구도 어머니가 편찮으시다는 사실을 알아서는 안 됐습니다. 누구도 어머니가 유대인이라는 사실, 난민이라는 사실을 알지 못했고요. 몇몇 사람들이 어머니 억양을 이상하게 여기기는 했지만 말입니다. 우리 가족은 이 모든 것을 다른 사람들에게 알리지 않았습니다. 그래서 저는 저만의 길을 찾으려 노력했어요. 뭔가 잘못하고 있을지도 모른다고, 잘못된 길을 가고 있는지도 모른다고 생각하면서 말입니다. 학교 가는 게 싫었어요. 학교에는 아무런 문제가 없었는데, 어떻게든 핑계를 대고 가지 않으려 했지요. 10대 시절에는 누나와 많이 친해졌습니다. 어머니가 더 편찮아 지셨을 때 누나는 대학에 갔는데, 그때는 더 가까워졌지요. 나름대로의 방식으로 신앙을 찾아가는 가운데 저는 분노가 많은 아이였습니다. 하다못해 복음서에 가난한 사람들이 나오는 것도 화가 났지요.

　제가 태어나던 해 캐나다에서의 1년을 제외하면 아버지는 배스와 브리스톨(브리스틀) 사이에 있는 교회를 30년간 섬기셨습니다. 어머니가 세상을 떠난 후에도 3년을 섬기셨지요. 신자들은 대부분 전형적인 중산층이었습니다. 그래서인지 제가 생각하는 그리스도교와 눈에 보이는 그리스도교 사이의 괴리가 너무나 크다고 생각했지요. 어머니가 심각하게 아프셔서 임종이 가까워졌을 때는 더 그랬습니다.

　돌이켜보면, 어머니가 돌아가셨을 때보다는 어머니가 죽음을 앞두고 있던 시기가 더 힘들었던 것 같아요. 솔직히 말하면, 어머니가 세상을 떠나셨을 때는 안도감이 들기까지 했습니다. 이를 인정하고 저 자신을 용서하기까지 꽤 오랜 시간이 걸렸어요. 어머니가 세상을 떠나고 난 뒤, 가끔 어머니 꿈을 꿨습니다. 꿈에서 저는 어머니에게 어머니가 세상을 떠나는 게 더 편하다고 이야기했어요. 그런 저 자신을 용서하는 데 정말 오랜 시간이 걸렸습니다. 지금이야, 성직자로서 그런 경험을 한 것이 큰 도움이 되지만 말이지요. 자기 모습에 수치심과 부끄러움을 느끼는 분들을 종종 만나 이야기를 나누곤 하는데, 이야기를 들어보면 그 감정은 너무나 자연스러운 감정인 경우가 많습니다. 그분들이 감정에 압도당할 때 저는 그분들이 연약하고 여린 존재임을 받아들이도록 돕습니다. 저도 그랬으니 말이에요.

하우어워스 흥미롭군. 교회가 늘 우리 삶의 일부였다는 것이 말일세.

웰스 맞습니다, 교수님.

하우어워스 그 덕분에 우리는 교회가 무엇인지를 계속해서 탐구하고 있는 것 같아.

웰스 맞아요.

하우어워스 우리가 그리스도교인인 이유는 우리가 그리스도교인이라는 사실이 우리를 끊임없이 질문하게 만들기 때문입니다. 그 사실은 우리에게 커다란 지적 활기를 불어넣습니다.

웰스 의미를 찾기 위한 몸부림이라고도 할 수 있겠지요. 교회에서 저는 그런 경험을 하는 것 같습니다. 어린 시절 저는 교회를 안식처로 여겼어요. 그리고 공부도 했지요. 학생 시절 주일에 교회에서 아무도 쓰지 않는 방에 혼자 영어와 역사 수업 과제를 했던 기억이 납니다. 그 방이 저의 안식처였지요. 요즘도 책을 쓸 때면 은신처와 안식처를 찾아 거기서 글을 쓰곤 합니다.

하우어워스 자네는 로리와 스테피가 장기적으로 어떻게 되기를 바라나? 기쁨에 대해서는 이미 말했지만 말일세.

웰스 《초원의 집》Little House on the Prairie(*1974년부터 1983년까지 NBC에서 방영되었던 드라마)의 관점을 받아들인다면 인생에서 일어나는 모든 일이 결국에는 아이들의 삶을 더 풍요롭게 만든다고 생각하겠지요. 저는 그런 관점을 받아들이지는 않습니다. 제가 틀렸을지도 모르지요. 이 부분에 대해서는 제가 반드시 옳다고는 생각하지 않습니다. 다만 제가 그런 사람이 아니라는 것이지요. 저는 제가 아이들의 본이나 선생이라고 생각하지 않습니다. 다만 아이들의 안전을 책임지고 안정적으로 자랄 수 있는 환경을 조성해 자신의 삶을 준비하도록 도울 뿐이지요. 아이들이 저나 엄마처럼 성직자가 되어야 한다고 생각하지 않습니다. 제가 좋아하는 것을 아이들이 좋아할 필요는 없다고 생각해요. 오스카 와일드Oscar Wilde는 이기심이란 자기 삶을 원하는 대로 사는 것이 아니라 남들에게 자기가 원하는 대로 살기를 바라는 것이라고 말한 적이 있습니다. 통찰력 있는 말이지요. 물론 아이들과 제가 공통의 관심사가 있어서 함께 나누면 좋기는 할 것 같아요. 스태프와 함께 극장에 가고, 로리와 함께 스포츠 경기를 관람할 수 있으면 너무 좋겠지요. 하지만 그보다는, 지금보다 더 각자의 방식으로 성장하기를 바랍니다. 그리고 제 인생에서도 너무나도 소중한 부분을 차지하는 우정을 꼭 경험해 보기를, 앞에서도 말했지만 삶의 시금석이 되는 신앙을 갖기를 바라고요. 그 모습이

지금 세대와는 상당히 다르겠지만 말이지요. 아이들 세대와 제가 속한 세대의 간극은 제 세대와 교수님 세대의 간극보다 훨씬 더 클 것 같습니다.

하우어워스 중요한 지적입니다. 제 생각에 50년 후에는 "나는 그리스도교인입니다"라는 말이 그 자체로 매우 무게감 있는 선언이 되리라 생각합니다. 주변에 그리스도교인이 그다지 않지 않을 테니 말이지요. 사람들은 "흠, 왜 굳이?"라고 물을 것이고 그리스도교인은 이에 답해야 할 것입니다. 자신이 그리스도교인으로서 헌신하고 있음을 분명히 하지 않고서는 그리스도교인이 될 수 없는 세상으로 나아갔으면 좋겠어요. 그런 세상에서 그런 헌신은 매우 기이해 보이겠지요.

웰스 어머니는 제 인생에 결정적인 영향을 미쳤습니다. 언젠가 사라질 관계에 자신의 힘과 시간을 쏟아붓는 것이 너무나 힘들었어요. 설교할 때 자기 경험만 줄곧 이야기하는 사제가 되고 싶지는 않지만, 어느 정도는 제가 사별에 대해, 불치병에 대해 어느 정도 알고 있다는 것을 알리는 것이 신자분들에게 도움이 되더라고요. 얼마나 힘든 시간인지를, 평범한 일상이 사라지는 느낌이 무엇인지를 제가 알고 있다는 것에 많은 분이 도움을 받았다고 이야기했습니다.

하우어워스 흥미롭군요. 저는 설교를 할 때 제 개인적인 이야기는 절대 하지 않습니다. 부적절하다는 생각이 들어서요.

웰스 저도 그랬는데 사목을 하면서 바뀌게 되었어요. 어느 정도 개인적인 이야기를 나누지 않으면 사람들이 답답해하고 저에 대해 좋지 않은 인상을 갖게 되더라고요. 지역 교회를 관할하는 사제의 경우 특히 그런 것 같습니다. 자신의 일부를 나누는 방법이지요.

랭더크 신부님의 경험을 나눈다는 것은 신부님 가족의 경험을 나누는 것과는 다르지요?

웰스 그렇지요. 아이들과 아내에 관해서는 이야기하지 않는다는 원칙이 있습니다. 정말 예외적인 경우가 아니고서는 설교에서 언급하지 않습니다. 제가 아이들을 제 이야기를 풍성하게 하는 도구로 사용했다는 느낌을 주고 싶지 않아요. 아이들이 저에게 아무런 걱정 없이 자신의 내밀한 이야기를 했으면 좋겠습니다. 제게 그런 이야기를 하더라도 그 이야기들이 밖으로 나가지 않는다는 것을 믿었으면 하지요. 요즘에는 인터넷도 있고 하니까 한 번 공개되면 사라지지도 않기 때문에 특히 주의를 기울여야 합니다. 그리고 저의 가정사를 꺼냄으로써 청자들에게 미묘한 메시지를 전달하기도 싫어요.

하우어워스 맞아요. 맞습니다.

웰스 아이들에 관한 이야기를 꺼내면 대부분 '나는 정말로 대단하고 재능있는 부모야. 당신은 절대로 나만큼 유능하고 아이를 사랑하는 사람이 될 수 없어'라는 인상을 주기 쉽습니다. 그렇게, 자신이 유능하고 사랑이 넘치고 특별한 부모라는 메시지를 온 세상에 퍼뜨리는 동안 아이는 부모가 자신의 가장 내밀한 이야기를 그저 자기 자랑의 재료로 이용했다는 사실에 상처를 받지요. 자기 자신과 가정을 파멸로 몰고 가는 것입니다. 왜 그런 짓을 하겠어요? 가장 간단한 방법은 일정한 선을 긋고 그 이상은 세상과 공유하지 않는 것입니다. 약간의 공감이 있으면, 역지사지하면 될 일입니다. 제 아이 중 하나가 학교에 가서 저의 이상한 점과 단점에 관해 이야기하면 저는 그렇게 하지 말아 달라고 할 것 같아요. 그러니 제가 무슨 권리로 그런 일을 하겠습니까?

제가 단 한 번 원칙을 깬 경우는 교수님이 『덕과 성품』을 쓸 때였습니다. 로리가 태어난 지 두 달 정도 되었을 때 저는 교수님께 로리를 수신인으로 편지를 써달라고 부탁했지요. 최근 로리에게 교수님과 제가 이 편지들을 묶어 책으로 만들고 있다고 이야기하면서 어떻게 생각하느냐고 물어봤습니다. 책에 어떤 내용이 담겨 있는지 이야기 해주면서 말이지요. 대부분 로리가 아기였을 때 쓰인 편지이기도 하고, 로리와 관련된 중요한 내용이 있다면 어떤 식으로도 담지 않겠다고 말했습니다. 아이는 어깨를 으쓱하더니 대수롭지 않은 일이라고 하더군요. 30년 뒤에도 로리가 대수롭지 않은 일로 여기거나, 그래도 그런 책이 있어서 좋다고 생각했으면 좋겠습니다.

랭더크 교수님, 교수님도 『한나의 아이』에서 가족 이야기를 하셨는데, 애덤이나 폴라에게 원고를 보여주셨나요?

하우어워스 그랬지요. 폴라는 어떤 내용이든 거부할 권리를 갖고 있었습니다. 실제로 행사하지는 않았지만 말이지요. 애덤은 원고를 읽지 않았습니다. 엄마와 자신의 유년 시절을 다시 보는 것은 자신에게 너무 고통스러운 일이라고 했어요. 지금은 어떤지 모르겠습니다. 나중에 읽을지도 모르지요. 저는 언제나 애덤과 로라, 손자들에게 제가 쓴 책을 줍니다. 그 책을 읽을 거라 기대하지는 않지만 말이지요. 제가 이야기가 그들의 일상에 적합한지는 잘 모르겠습니다. 저는 학자잖아요(웃음). 학자란 모든 사람이 들을 필요는 없는 말들을 떠들어대는 사람이지요.

랭더크 가족에 관한 이야기를 나누다 보니, 교수님의 악명 높은 근대성 이야기를 떠올리지 않을 수 없네요. 근대 사회에서 교수님은 우리는 늘 잘못된 사람과 결혼한다고 하셨습니다. 결혼 후에 사람은 결혼 전 사람과 같은 사람이 아니라고 하시면서요. 두 분이 결혼하시고 난 뒤 어떤 사람이 되었다고 생각하시는지 알고 싶습니다.

웰스 이제 이런 이야기까지 하게 되는군요. 음, 제가 결혼했을 때 서는 너는 가난한 척할 수 없게 되었습니다. 사업으로 커다란 성공을 거둔 부모를 둔 사람과 결혼했기 때문이지요. 덕분에 저는 저의 정체성에 대해 돌이켜볼 수 있게 되었습니다. 부와 가난에 대해 생각했고, 삶의 이 새로운 국면이 복음과 관련해 어떠한 의미를 지니는지를 생각해보았습니다. 꽤 오랫동안 제 안에서 이 생각 저 생각이 충돌했어요. 어떤 분은 더 많은 돈을 갖게 되면 주위에 더 많은 것을 베풀 수 있으니 명백한 축복 아니냐고 생각할지도 모르지요. 하지만 제 경험은 달랐습니다. 그전에 저는 돈보다 더 좋은 것이 있다고, 저는 돈 대신 높은 윤리적 고지에 있다고 생각했습니다. 하지만 많은 재산을 가진 집안의 여성과 결혼하게 되면서 그러한 생각을 고집할 수 없게 되었습니다. 가난에 대한 책임을 부자들에게 돌릴 수도 없게 되었지요. 온갖 바보 같은 말들을 하고, 이상한 감정을 느낀 끝에 저는 저의 현실을 받아들였습니다. 새로운 정체성에 익숙해진 것이지요. 하지만 아내와의 만남만 제 생각의 변화에 영향을 미친 건 아닙니다. 좀 더 결정적인 계기는 사목 활동을 하며 겪은 한 사건이었어요. 한 지역에서 5천만 달러라는 거대한 규모의 정부 자금을 받게 되었습니다. 그리고 이를 작은 동네에 배분했지요. 이 정도면 정말 좋은 변화가 일어날 거라고 저는 생각했습니다. 하지만 그렇지 않았지요. 그 모습을 보며 저는 돈으로 좋은 변화를 끌어내는 것이 얼마나 어려운지를 깨달았습니다. 부와 가난에 대한 저의 관점이 완전히 바뀌었지요. 그 사건 이후 저는 가난은 근본적으로 돈과 관련 있다고 생각하지 않습니다. 그리고 부유한 이들의 잘못이라고 생각하지도 않게 되었지요. 사회 불평등에 무관심해졌다는 이야기가 아닙니다. 하지만 저는 가난은 단순히 돈이 있고 없고를 떠나 좀 더 근본적인 무언가와 관련이 있음을 깨달았습니다. 이 깨달음 덕분에 돈과 아내의 집안에 대한 생각도 바뀌었지요.

하우어워스 폴라와 저는 정말 다릅니다. 이게 제게는 커다란 도전이지요. 어떤 문제와 마주했을 때 저는 별다른 고민을 하지 않습니다. "이걸 이렇게 하고 저걸 저렇게 한 다음 이렇게 마무리하지"라고 말하지요. 하지만 폴라는 "잠깐만요, 생각 좀 해봐요. 오늘 결정을 내리지는 말아요"라고 말합니다. 그러면 저는 부아가 치밀지요. 폴라는 저에게 천천히 일하는 법, 일을 밀고 나가지 않는 법을 가르쳐주었습니다. 정말 힘들어요. 폴라는 신중합니다. 저는 신중하지 않아요. 그전에는 절대로 하지 못했던 수준으로 경청하는 법을 그녀에게 배웠습니다. 덕분에 결혼 전에는 심사숙고하지 않은 채 그대로 밀고 나갔을 사안들도 바로 결정하지 않고 시간을 두곤 하지요.

제 생각에 저희 결혼 생활에 가장 커다란 영향을 미치는 요소 중 하나는 폴라가 사제라는 것입니다. 저는 그녀가 성 가정 교회의 사제로 활동한다는 사실이 너무나 기쁩니다. 그리고 그 덕분에 우리가 너무나도 다름에도 불구하고 함께 헌신할 수 있는 것 같아요. 기질상 저는 폴라처럼 인내심을 갖고 있지 않습니다. 하지만 결혼 생활이 저를 바꾸었지요. 자네가 보기에도 그런가?

웰스 물론이지요. 교수님을 대신해 대답했어도 비슷한 대답을 했을 것 같습니다. 결혼과 관련해 제 이야기를 좀 더 덧붙이자면, 조와 저는 둘 다 '변화'를 긍정한다는 공통점이 있습니다. "미국으로 와달라는 초대를 받았어. 그래? 좋지. 미국 가자. 다시 영국으로 돌아와달라는 요청을 받았어. 그래? 좋지. 돌아가자." 이런 식이지요. 우리 미래가 어떤 식으로 펼쳐질지 알지 못하지만 그래도 한번 해보자고 생각하는 편이지요. 어떤 분들은 변화와 슬픔을 같은 말로 여기기도 하는 것 같습니다. 하지만 우리 부부는 그렇지 않아요. 변화를 긍정하는 이유는 다르지만, 변화를 함께 긍정하고, 받아들이고, 적응하고, 흡수할 수 있을 만큼 우리 둘 사이에는 겹치는 부분이 있습니다.

하우어워스 나는 조가 자네보다 변화를 더 잘 받아들이고, 변화에 더 잘 적응한다고 생각하네.

웰스 그럼요(웃음). 그게 더 적절한 평가겠네요. 대서양을 가로지르는 두 번의 이사를 하면서 저는 가구나 자동차를 어떻게 처리해야 할지 몰라 전전긍긍했습니다. 조는 그런 일들을 능숙하게 처리했지요. 우리 둘의 직업 전환과 관련된 업무 처리, 아이들의 적응은 제가 도맡았지만 나머지는 대부분 조의 몫이었습니다.

랜더크 앞에서 신부님은 일을 함께하는 것의 중요성에 대해 말씀하셨습니다. 신부님과 조는 둘 다 서품받은 성직자인데 그런 경우에는 일을 따로 하는 것도 중요하지 않나요?

웰스 그렇지요(웃음). 아내가 저와 함께 일하는 것을 저보다 더 두려워하는지는 모르겠지만, 생각은 비슷할 겁니다. 하지만 우리는 언제나 같은 일을 하고 있다고 느낍니다. 교회를 제외하면 저희의 결혼 생활을 설명할 수 없을 거예요.

하우어워스 저도 마찬가지입니다.

웰스 친구가 왔을 때 식사를 함께 준비하는 건 잘합니다(웃음). 하지만 모든 부부가 그렇듯 말싸움을 할 때도 있지요. 자신이 일하는 방식이 상대가 일하는 방식보다 훨씬 낫다고 생각할 때 그렇습니다. 이런 사안에 대해서는 은총이 필요합니다. 결혼 생활을 하면서 우리는 상대가 무엇에 불안해하고, 또 불만인지 점점 더 알게 됩니다. 하지만 절대 완벽하게 알지는 못하지요.

교회에서 조와 함께 일을 한다고 하면 두 가지 정도가 마음에 걸리네요. 먼저, 함께 일을 하면 가정에서 저희의 관계가 바뀔 것 같습니다. 제가 딱히 좋아하지는 않는 방식으로 말이지요. 그리고 저희가 함께 일을 하면 주변 다른 사람들은 참여하기 힘든 환경이 조성될 것 같습니다. 저는 조가 치리하는 교구의 지역 교회 사제로 활동하는 것이 상상이 잘되지 않습니다. 그건 해당 교구의 다른 성직자들에게 공평하지 않은 일이라고 생각합니다. 하지만 둘 다 성직자인 부부가 이런 문제를 두고 함께 해결해 나가는 것은 값진 일입니다. 종종 저희와 비슷한 상황에 있는 부부가 저희를 찾아와 조언을 구했지만, 저희는 조언을 해주지 않았습니다. 이 부분과 관련된 지혜가 우리 부부에게는 없습니다. 각자 고민하고 결정해야 해요. 만능 공식은 없습니다.

하우어워스 이 부분에 관해 저희 부부 이야기를 해보자면, 폴라는 '교수의 아내' 역할을 하지 않습니다. 제가 강연을 간다고 해도 절대 함께 가지 않지요. 절대 "호호, 제 남편은요 너무 멋져요" 같은 말을 하지 않습니다. 당연히, 저는 그게 좋습니다. 사회가 여성에게 그런 역할을 요구하는 시기는 지나간 것 같습니다. 그리고 그게 맞지요. 거기서 오는 자유가 있고 그 자유는 소중하다고 생각합니다. 조도 그럴 거라 생각합니다.

웰스 조가 도킹의 주교로 서임되었을 때, 그녀는 람베스에서 저스틴 웰비Justin Welby 캔터베리 대주교와 함께 일하고 있었어요. 그때 사람들은 조에게 물었죠. "트라팔가 광장에 살면서 어떻게 주교 역할을 할 수 있습니까?" 사람들은 조가 주교인데도 저희 집에서 살 거라고 생각한 것이지요. 조는 그냥 웃어넘겼습니다. 그런 일들을 통해 우리는 모든 것을 다른 사람들과 나눌 필요는 없음을 깨닫습니다. 부부끼리 함께 해결책을 모색하면 그걸로 충분하다는 것도 깨닫게 되지요.

여섯 번째 대화
공동의 관심사에 관하여

랭더크 앞에서 두 분은 함께 하는 프로젝트에 관해 언급한 적이 있습니다. 교수님, 웰스 신부님이 하시는 프로젝트가 무엇인지 설명을 좀 부탁드려도 될까요?

하우어워스 교회를 통해 복음을 온전히 구현하는 것이지요. 복음이 우리 삶에 어떤 변화를 일으키는지를 보여줌으로써 말입니다.

웰스 네. 교수님의 설명이 저희 둘이 하는 작업을 포괄하는 것 같습니다. 제가 하는 프로젝트는 분명 현실과 밀착해 있습니다. 이를 두고 신학을 '적용'한다든지, '실천신학'을 한다고 하는 것은 적절치 않습니다. 이러한 표현들은 끔찍한 표현들이라고 생각해요. 하지만 우리의 삶과 사목 활동, 프로젝트는 벤 다이어그

램처럼 겹치는 부분이 있습니다.

하우어워스 맞습니다. 아까 한 이야기는 다시 생각해도 참 적절했어요(웃음).

웰스 어떤 분들은 우리의 프로젝트를 비판합니다. 권력과 관련해서 말이지요. 저희는 인종, 계급, 성 같은 것들을 인간의 정체성을 이루는 결정적 요소로 보지 않고 이들을 세례와 교회라는 맥락 안에서 다루려 합니다. 그렇게 하면 어떤 분들은 저희가 권력에 무지하거나 그 문제를 회피한다고 비판하지요.

하우어워스 보수적 반동주의자라고 하지요.

웰스 어떤 면에서는, 모든 측면에서 저희는 반동분자일지도 모르지요. 교수님 대신 제가 말하면, 교수님은 학자로서 활동하기 시작한 때부터 덕을, 덕에 사로잡힌 누군가를 그침 없이 좇은 분입니다. 덕과 권력은 사실상 같은 말을 다르게 표현한 것이에요. 교수님이 현대 미국 교회에 분노하는 이유는 교회가 자신이 지닌 권력이 무엇에서 나오는지를 알지도 못하고 올바른 원천, 이를테면 세례, 성찬, 기도, 신앙의 가르침에 기초하기를 거부하기 때문이었습니다. 대신 교회는 잘못된 곳에서, 잘못된 방식으로 권력을 휘둘렀지요. 결국, 교수님이 이야기하는 것은 권력입니다. 다만 이 세상에서 일정한 지분을 얻기 위한 모든 헌신을 가리키는 암호가 되어버렸기에 그 말을 쓰지 않을 뿐이지요. 요즘 사람들이 쓰는 또 다른 암호로는 정의가 있습니다. 어쨌든, 그 결과 교회는 자신의 고유한 담론이 아닌 다른 담론에 사로잡혀 자신의 이야기를 잃어버리게 되었습니다. 교수님은 바로 여기에 분노하는 것이지요. 교회가 자신의 참된 힘의 원천을 무시하고 있기 때문입니다. 저는 교수님의 이야기를 이렇게 이해하고 있어요. 제 이야기는 아니지만, 저는 여기에 전적으로 동의합니다.

교수님과 견주면 제 관심사는 사목 활동에 좀 더 기울어져 있습니다. 사제 서품을 받은 뒤 다양한 현장을 거쳤지만, 그곳들에서는 어떤 일관된 정서가 흐르고 있었습니다. 바로 '무력감'이었지요. 하층 계급뿐만 아니라 상류층도 자신들이 아무런 힘을 갖고 있지 않다고 생각하고 있었습니다. 케임브리지로 이사해 저명한 교수들을 만나니 그들은 자신이 아무런 권력도 갖고 있지 않다고 생각하고 있었습니다. 그들은 상아탑에 갇힌 채 자신들은 사회 정책에는 아무런 영향도 미칠 수 없다고, 탄자니아에 공학 기술은 가르쳐줄 수 있지만, 그 나라의 빈곤 상황은 어떻게 해도 변화를 일으킬 수 없다고 생각했습니다. 그리고 듀크 대학교에 와서는 노벨상 수상자들을 만났습니다. 그들은 자신이 노벨상을 탄 건 순전히 우연이었고, 상황이 조금만 달랐다면 그 상을 타지 못했을 것이라고 말했지요. 이러한 상황 가운데 제가 맡은 역할은 언제나 권력, 힘에 대한 경직된 설명에 저항하는 것이었다고 생각합니다. 대신 유동적인 권력, 주인은 절대 가질 수 없는 종의 권력에 관해 이야기하지요. 이런 권력, 힘에 저는 흥미를 느낍니다. 이를테면 "죄송합니다"라는 말은 얼마나 강한 힘을 지니고 있습니까? 분명 그 말은 자신을 낮추는 말이고, "죄송합니다"라고 말하는 사람은 무언가 잘못을 해서 힘이 없을 것 같은데 말이지요. 어쨌든, 저는 권력에 관심이 많습니다. 하지만 사람들이 흔히 생각하는 권력과 그 권력에 관한 담론들에는 관심이 없습니다. 대신 우리는 그리스도께서 어떠한 차이를 빚어내는지를, 성령의 선물을 받아 신앙의 여정을 걷게 될 때, 교회라는 팀의 일원의 될 때 어떤 권력을 얻게 되는지를 이야기하려 합니다. 이렇게 합류한 사람의 정체성은 교회라는 팀으로서 함께 하는 일에서는 부차적인 것이 되며, 그의 무력감은 변모되고 승화됩니다. 그는 하느님께서 이 세상에서 활동하시는지를 감지하면서, 자신이 그 세상의 관중, 혹은 관심이 있는 구경꾼, 혹은 장엄한 극에서 작은 역할을 맡은 한 사람임을 깨닫게 되고 이를 통해 자신이 힘이 없다는 생각은 완전히 바뀌게 됩니다. 28년 동안 저는 이를 끊임없이 강조했습니다. 제가 종종 인용하는 말이 하나 있습니다.

> 궁극적으로 실패할 대의를 위해 승리하기보다는 궁극적으로 승리할 대의를 따르다 실패하는 것이 낫다.

이 말은 제가 이야기하는 전환의 의미를 잘 담아내고 있습니다. 교회의 일원이 된다는 것은 궁극적으로 승리할 대의를 따르는 것입니다. 교수님의 표현, 교수님의 책 제목이기도 한 표현을 빌리면 "우주의 결을 따르"는 것이지요.

하우어워스 흥미롭네요. 저는 한 번도 제가 아무런 힘도 없다고 생각한 적이 없어요. 아주 일찍부터 저는 제가 학계에 속하지 않았다고 생각했습니다. 계층 문제 때문에요. 그리고 제가 참여한 수업에는 언제나 저보다 더 똑똑한 사람이 있었습니다. 하지만 저보다 열심히 하지는 않더군요. 저는 학문적으로 탁월한 성취를 이루어서 권력을 가지려 했습니다. 이를 변명하지는 않을 것입니다. 우리가 살아가는 세계의 일부는 그러하니까요. 하지만, 탁월한 학자가 되려 했다면 그리스도교 윤리학자가 되어서는 안 됐습니다. 탁월한 그리스도교 윤리학자라는 표현은 그 자체로 문제가 있습니다. 다만 저는 적이 알고 있는 것을 알아야 했습니다. 적은 제가 아는 것을 알 필요가 없다고 생각하더라도 말이지요. 거기서 권력이 나옵니다.

랜더크 교수님은 계층 문제 때문에 학계에 속해 있다는 생각을 하지 않으셨다고 했습니다. 하지만 한편으로는 학계에 참여하게 됨으로써 부모님과의 관계가 소원해졌다고 말씀하기도 하셨지요. 그렇다면 교수님은 어디가 더 편하세요? 가장 소속감을 느끼는 곳은 어디인가요?

하우어워스 글쎄요, 그 문제에 관념적으로 접근하고 싶지는 않네요. 저는 집에서 잔디를 깎을 때 편안함을 느낍니다. 고양이들, '신앙이'와 '희망이'랑 같이 있을 때 편안함을 느끼고요. 폴라와 함께 있을 때 편안함을 느낍니다. 하지만 가장 편안한 순간은 성가정 교회에서 맞이하는 주일 아침입니다. 저는 그곳을 저의 고향으로 느낍니다. 그곳이 없는 세상을 저는 상상할 수 없습니다. 저를 빚어내는 전례가 있고, 그렇게 전례에 참여하는 곳이 제 고향입니다. 이렇게 말하면 되게 신실한 신자처럼 보일 텐데, 저는 제가 신실한 그리스도교인이라고 단 한 번도 생각해본 적이 없습니다. 그런 확신이 제게는 없습니다. 다만 일요일 아침 10시에 그곳에 있을 때 저는 편안함을 느낍니다. 고향에 온 것 같은, 집에 있는 것 같은 편안함 말이지요.

웰스 그 질문에 대해서는 다양한 답을 할 수 있을 것 같네요. 듀크 대학교회에서의 설교는 교회, 신학, 학문을 하나로 엮는 작업이었고 저는 그 일을 기쁘게 했습니다. 듀크 대학교회 교목이라는 역할에 저는 편안함을 느꼈지요.

굉장히 바쁘고, 치열한 환경이지만 저는 라디오 방송을 하면서도 편안함을 느낍니다. 6백만 명의 청취자가 듣는 방송이어서 긴장도 되고, 초록색 방에서 이상하고 멋진 사람들을 만나 그날 무슨 말을 하든 늘 적대적인 문자들을 받는데도 말이지요. 저는 열두 살 때 제가 진행하는 방송을 들었습니다. 어머니께서 열 살 때인가, 열한 살 때 라디오를 생일 선물로 주셨는데 침대 옆에 두고서 듣곤 했지요. 매일 아침, 학교를 준비하며 7시 48분부터 《오늘의 생각》Thought for the Day을 들었습니다. 그 뒤로도 계속 들었지요. 솔직히 말하면, 10대 후반에는 '나도 이 정도는 진행할 수 있겠는데'라는 생각을 했습니다. 그런데 정말로 진행을 하게 되니 여러모로 신경 쓸 게 많더군요. 설교하려 드는 듯한 말투를 피하고, 교회에서 쓰는 말도 하지 않고, 세속적인 관점도 존중하는 언어를 써야 하니까요. 하지만 처음 라디오를 선물로 받은 지 40년이 넘은 지금, 제가 40년 전부터 들었던 방송을 진행하고 있어 너무나 기쁩니다. 방송 진행을 할 때 저는 고향에 있는 것 같은 느낌이 들어요.

성 마틴 교회에서 활동하면서 마주하는 도전들에 대해서는 숨김없이 말하는 편입니다만, 좀 더 중요한 점은 교회를 섬기다 보면, 특히 예배를 드리는 와중에 하느님 나라를 언뜻 볼 때가 있다는 것입니다. 예배를 드리는 순간에만 그런 것은 아니지만, 예배를 드리는 순간에 특히 그러하지요. 그러한 면에서 성 마틴 교회는 제게 특별한 곳입니다. 이를테면 종려 주일에 제 동료인 리처드 신부가 제작한 예수의 수난극을 봤을 때 그랬습니다. 40명 정도 연기자로 참여했는데, 예수 역은 아프가니스탄 난민인 신자가 맡았고, 산헤드린 역할은 교회에 오래 다닌 신자들이, 제자들 역할은 장애인 신자들, 망명을 신청한 신자들이 맡았습니다. 정말 멋진 극이었습니다. 포용, 하느님 나라, 성령의 활동을 말이 아닌, 그 이상의 무언가로 체감할 수 있었습니다. 주님께서도 미소지으셨을 겁니다.

하우어워스   음, 아까 제 대답은 자기 기만적이었다는 생각이 드네요. 제가 가장 편안함을 느끼는 곳은 제 연구실입니다. 그리고 대학교, 대학교에서 편안함을 느끼죠. 저는 은퇴를 못 할 것 같아요. 대학교가 제 인생에서 너무나 큰 비중을 차지하기 때문이지요.

웰스   그렇지요. 그리고 조금 전, 교수님이 다른 어떤 학자보다도 열심히 일한다고 말할 때부터 알아봤습니다. 교수님은 은총의 신학을 위해 분투하는 감리교 신자 같아요.

하우어워스   그렇군.

웰스   하지만 교수님, 은퇴야말로 은총의 순간이 아닐까요? 은퇴를 하기 위해 분투할 필요는 없으니까요. 교수님은 분투가 없다면 자신이 누구인지 알 수 없다고 생각하시는 것 같습니다. 감리교 신자들은 은총을 남발하는 경향이 있는데, 교수님은 그 반대인 것 같아요. 한편, 교수님은 너무나도 은총을 갈구하시지요.

손이 닿지 않기 때문예요. 제가 보기에 교수님은 어떤 직책을 맡든, 상을 받든, 책을 쓰든 이 땅에서는 분투가 없는 곳으로 갈 수 있다고 생각하시지 않는 것 같습니다.

하우어워스 샘 말이 맞습니다. 그렇게 생각해 본 적이 없어요.

웰스 그건 외부에서 교수님을 인정한다고 이루어질 수 있는 사안이 아니기 때문이지요. 교수님에게 그건 언제나 내적인 문제입니다. 다른 무엇보다 당신이 믿어야 한다고 생각하시지요.

하우어워스 미래에 대해 생각하기는 합니다. 하지만 제 저작이 어떻게 읽힐지, 읽히기는 할지 잘 모르겠습니다. 저는 대화를 통해 사고하는 사람이니까요. 저는 언제나 다른 사상가들과 관계를 맺는 방식으로 저술을 합니다. 이러한 면에서 제 저술은 언제나 저만의 생각을 담은 책이 아닙니다. 만남의 산물, 만남을 통해 형성된 제 생각이 담긴 것이지요. 이를테면 존 롤스John Rawls*

---

* 존 롤스(1921~2002)는 미국의 정치철학자다. 프린스턴 대학교에서 철학 박사 학위를 받은 후 코넬 대학교와 매사추세츠공과대학교MIT를 거쳐 하버드 대학교에서 철학 교수를 지냈다. 자유주의 전통 안에서 정의에 관한 새로운 이론을 확립했으며, 특히 '자유주의적 평등'의 입장을 제시한 1971년 저작 『정의론』A Theory of Justice은 미국 정치철학사뿐만 아니라 지성계에 커다란 영향을 미쳤다. 주요 저서로 『정의론』(이학사), 『정치적 자유주의』Political Liberalism(동명사)와 『만민법』The Law of Peoples 등이 있다.

를 모르는 이들, 그가 어떠한 입장을 대표하며 어떤 주장을 하는지 알지 못하는 이들은 제 주장 중 일부는 이해할 수 없을 것입니다. 그래서 저는 제 저작이 미래에도 읽힐지 잘 모르겠습니다. 제가 쓴 책을 이해하기 위해서는 너무 많은 것을 알아야 하니 말이지요. 제가 보기에는 샘의 책이 더 많이 읽힐 것 같습니다. 샘의 책은 더 직접적인 메시지를 전하고 다른 목소리에 의존하지도 않으니까요. 자네 생각은 어떤가?

웰스 읽힐지 안 읽힐지 전혀 모르겠습니다. 하지만 교수님과 저의 차이에 관한 이야기는 맞는 것 같습니다. 저는 그것이 일하는 방식의 차이라고 생각해요. 저는 교수님과 같은 글을 쓰지 못합니다. 다만 실패로부터 배운 흔적을 담아내고 다른 사람의 글을 질 나쁘게 따라 하는 글을 쓰지는 않으려 애쓸 뿐이지요. 누구나 자신만의 길이 있고 그건 괜찮습니다.

하우어워스 저는 즉흥극을 좋아하고 샘이 이를 글의 소재로 다루는 것을 높이 평가합니다. 하느님의 활동을 극 연출에 견주는 것은 매우 효과적인 은유고 샘이 제시하는 몇몇 예는 정말 설득력이 있어요. 샘의 글은 50년 후의 독자들도 이해할 수 있을 것입니다. 하지만 제가 쓴 글은 50년 후의 독자들이 이해할 수 있을지 모르겠습니다.

랭더크 두 분의 저술 중에 혹시 무언가에서 벗어나기 위해 쓴 책이나 글은 없는지요? 그리고 저술 작업이 과거에서 벗어나는 데 도움이 되는 측면이 있을까요?

웰스 교수님이 벗어나려 하는 게 있다면 그건 "주일 밤에는 예수께 내 생명을 바친다"는 감리교 특유의 관념일 것 같습니다. 그리고 그건 매우 중요하다고 생각해요.

저는 열아홉 살 때 매우 힘든 경험을 했습니다. 공적 영역에서 여러 번 이야기했고 『얼굴과 얼굴을 맞대고』라는 책에서 언급하기도 했지요. 이야기 중심에 있는 사람이 최근 세상을 떠나서 좀 더 편하게 이야기할 수 있을 것 같습니다. 열아홉 살 때 저는 성적 학대가 일어났던 공동체의 일원이었습니다. 당연히 저 역시 그런 학대를 당했는지 돌이켜 봐야 했고, 제 삶에서 그곳의 의미에 대해 전반적으로 생각해보아야 했습니다. 사실 여전히 그 과정은 끝나지 않았지요. 이 일과 관련해 저는 오랜 시간 경찰과 이야기를 나누어야 했습니다. 그리고 학대를 저지른 사람은 감옥에서 오랜 시간을 보내고 최근 세상을 떠났지요. 그는 아마도 제 첫 번째 신앙의 선생일 겁니다. 학대 사실이 밝혀지기 7, 8년 전 그는 제가 이전에 알고 있던 그리스도교와는 상당히 다른 그리스도교를 보여주었지요. 정말 매력적이고 강렬했습니다. 그리고 학대 사실이 밝혀졌을 때는 그 매력과 강렬함은 상대적으로 희미해진 상태였지요. 제가 무언가에서 벗어나고 싶었다면 그건 저 변화의 시기인 것 같습니다.

교수님은 언제나 '경건', 혹은 그런 부류의 삶을 가리키는 말이 나오면 빨간 불을 켜곤 합니다. 덕분에 저는 역설적이고 고통스러운 삶의 모습을 마주할 수 있게 된 것 같아요. 인간은 거룩해지기 위해서 진심으로 노력하면서도 일그러질 수 있음을, 그리고 그 둘을 구분하기란 매우 어렵다는 것을 받아들이게 되었지요. 우리는 끔찍한 살인자이거나 경건하고 순수한 신자라는 관념을 저는 받아들이지 않습니다. 그래서 꽤나 고결한 삶을 살고 있다는 이들이 심각한 결함을 갖고 있다는 게 드러날 때, 혹은 심각한 잘못을 저질렀다는 것이 드러났을 때 그리 놀라지 않습니다.

당시 공동체 구성원들과 저는 여전히 연락하고 지냅니다. 특히 두 명은 아주 가까운 친구지요. 두 친구를 포함해 많은 사람이 그 선생의 영향을 받았습니다. 이야기를 해보면 그분에 대한 평가는 저마다 다릅니다. 완전히 썩은 인간으로 일축하는 사람들도 있고, 모든 게 오해에서 비롯되었다고 믿는 사람들도 있지요. 저는 그 중간 어딘가에 있는 것 같습니다. 저는 여전히 그분에게 배운 것이 유효하다고 생각합니다. 비도나투스파적인 생각, 아우구스티누스적인 생각이지요. 그분이 한 선한 일 역시 유효하며 저는 여전히 그 일들 중 일부에서 영감을 얻습니다. 하지만 그분이 어떤 이들에게 심각한 상처를 입힌 것 또한 분명합니다. 제가 왜 범죄의 대상이 되지 않았는지는 모르겠어요. 저는 그분과 무수히 많이 만났고 당시 저는 매우 불안한 상태였으니 그런 일은 언제든 일어날 수 있었습니다. 어머니께서 세상을 떠난 지 6개월 정도 지났을 때였으니까요.

여기서 벗어나려 한다면 너무 과한 표현일지도 모르겠네요. 하지만 이 일이 일어난 뒤 저는 카리스마 있는 개인에게 의존하지 않는 방식, 그 또한 인간임을, 때로는 그다지 좋지 않은 인간임을 알게 되었을 때도 무너지지 않을 수 있는 방식으로 공동체에 헌신하는 법을 찾으려 노력했습니다. 그래서 교수님이 성품의 공동체에 관해 이야기할 때 제게 그 공동체는 이상적이거나 관념적인 공동체가 아닙니다. 놀라운 지도자가 있고 모두가 열정적으로 헌신하는 곳이 아니라 강점과 결점을 지닌 이들이 있는 곳, 하지만 서로에게 도움을 줄 수 있는 이상적인 길이 있는 곳에 가깝습니다.

제가 벗어나고픈 것이 또 있다면, 어린 시절 저에게 커다란 영향을 미친 작은 교회일지도 모르겠습니다. 저는 그런 교회들에 복잡한 마음을 갖고 있습니다. 여전히 저는 그런 교회의 관할 사제가 되는 것이 망설여집니다. 작은 지역 교회는 잉글랜드 성공회에서 가장 전형적인 교회입니다. 하지만 저는 빈곤 문제가 심각한 지역 교회, 아니면 성 마틴 교회처럼 도시의 역학을 고스란히 반영하는 교회를 주로 섬겨왔습니다. 제 어린 시절 교회 같은 곳으로 가야 한다면 두려울 것 같아요. 그 시절로 돌아간 것 같은 느낌이 들 것 같기 때문이지요. 그런 환경에 있으면 어떻게 어른으로 살 수 있을지 모르겠습니다.

하우어워스 저는 흥미롭게 되지 않는 것을 두려워하는 것 같습니다. 저는 흥미로운 사람이 되고 싶어요. 저 자신을 지루하게 만들고 싶지 않습니다. 저는 지루한 게 너무나 싫어요. 우리 삶은 근본적으로 관습적입니다. 하지만 그 관습에 갇히고 싶지 않아요. 우리가 현재 살아가는 방식 외에 어떤 다른 삶의 방식이 있는지 잘 모르지만, 적어도 그리스도교의 이야기를 불가능한 것처럼 생각하고 싶지는 않습니다. 다른 사람이 그렇게 생각하게끔 하고 싶지도 않고요. 달리 말하면, 저는 전형적인 중산층으로 사는 것을 두려워합니다. 그런 삶은 원하지 않아요. 주제를 조금 바꾸자면, 샘과 저는 신학이라는 틀 안에서 이루어지는 기술적인 부분에는 관심이 없습니다. 샘과 제가 꽤 다른 방식으로 신학을 한다는 것을 생각하면 흥미로운 부분이지요. 이를테면 우리는 예수가 어떻게 참 하느님이면서 참 인간인지 좀 더 설득력 있는 설명을 제시하려 많은 시간을 들이지 않습니다. 우리는 그건 그대로 두고, 거기서 더 나아가려 합니다. 어떻게 생각하나?

웰스 네, 맞습니다. 이를테면 저는 예수 세미나의 작업에 별다른 관심이 없습니다. 교수님은 예수 세미나의 작업을 지루하다고 여기실 것 같고요.

하우어워스 로완 윌리엄스가 최근『창조의 핵심인 그리스도』Christ the Heart of Creation이라는 책을 펴냈어요.* 여기서 윌리엄스는 아퀴나스가 말한 그리스도의 두 본성 이론을 설명하고 그것이 창조라는 전체 틀에서 어떻게 작동하는지를 이야기합니다. 저에게는 이런 책이 필요해요. 하지만 제가 이런 책을 쓰고 싶지는 않습니다.

웰스 저도 마찬가지입니다. 로완 윌리엄스 같은 대가가 그런 주제로 깊이 있는 책을 쓰는 건 감사한 일이지요. 그런 책은 제 작업에도 큰 도움이 됩니다. 그리스도론의 문제는 종결될 수 없다고 생각하기 때문이지요. 윌리엄스와 같은 능력 있는 신학자가 그런 책을 써야 할 충분한 이유가 있습니다. 제가 그 작업을 하고 싶지는 않지만, 그런 책을 읽을 수 있어 기뻐요.

하우어워스 샘, 우리가 그런 작업을 하지 않아 따라오는 위험은 없을까? 이를테면 루이스 에어스Lewis Ayers**가 쓴『니케아 공의회

---

* 다음의 책을 가리킨다. Rowan Williams, *Christ the Heart of Creation* (London: Bloomsbury, 2018)

** 루이스 에어스(1966~)는 로마 가톨릭 역사학자이자 역사신학자다. 세인트앤드루스 대학교와 옥스퍼드 대학교 머튼 칼리지에서 공부했으며 듀크 대학교, 에모리 대학교 등을 거쳐 현재 더럼 대학교에서 가톨릭 및 역사신학 교수로 활동 중이다. 아우구스티누스와 동방 교부들의 삼위일체론에 관한 전문가로,『니케아 공의회와 그 유산』Nicaea and Its Legacy은 이 주제에 관한 가장 권위 있는 현대 문헌 가운데 하나로 평가받는다. 최근에는 초기 그리스도교 성서 해석 방법론의 발전에 주목하며

와 그 유산』Nicaea and Its Legacy과 같은 책들은 정말 탁월한 학술서이고 신학적으로 아주 영민한 책이지만 난 이런 책을 쓰고 싶지 않아.* 내게는 그런 학문적인 기술이 없거든.

웰스 교수님은 에어스 교수와는 다른 방식으로 작업을 하시지요. 그런 작업을 할 능력이 없다고는 생각하지 않습니다. 그리고 그런 작업도 하시기를 바라고요. 교수님이 쓴 마태오 복음서 주석을 매우 즐겁게 읽었고 『우주의 결을 따라서』With the Grain of the Universe도 정말 흥미롭게 읽었어요.** 그 책은 교수님의 철학적 신학을 담아낸 책이잖아요.

하우어워스 그렇지. 맞는 말이야.

웰스 하지만 그런 책으로 소개하지 않으셨지요. 니버의 몇 가지 잘못된 점을 제시한 책 정도로만 소개하셨는데, 저는 그 책이 그 이상의 의미가 있다고 봅니다.

하우어워스 『우주의 결을 따라서』에서 한 작업이 아직은 받아들여

다수의 논문을 발표하고 있다.

* 다음의 책을 가리킨다. Lewis Ayers, *Nicea and Its Legacy: An Approach to Fourth-Century Trinitarian Theology* (Oxford: Oxford University Press, 2004)

** Stanley Hauerwas, *With the Grain of the Universe: The Church's Witness and Natural Theology* (Grand Rapids: Brazos, 2001)

지지 않았다고 생각합니다. 저는 그 책이 현재 평판보다는 더 좋은 책이라고 생각해요.

웰스 교수님이 펴낸 대다수 책은 주로 여러 논문을 모아놓은 논문집이지만, 『우주의 결을 따라서』는 거대한 주장을 담고 있는 책입니다. 하지만 훑기만 하면 그 부분을 놓치기 쉬워요.

하우어워스 제가 다른 방식으로 이 작업을 할 수 있을지는 잘 모르겠습니다. 그런데 제가 지금 하는 작업에 대해 비평을 하는 이들은 제가 그전에 쓴 글들을 잘 보지 않더군요. 이를테면 『비전과 덕』Vision and Virtue을 읽으면서 그 책에 비트겐슈타인이 미친 영향, 저의 철학적 사고 형성에 그가 얼마나 중요한지를 보지 않습니다.* 지금 제가 하는 작업을 이해하려면 『비전과 덕』, 『진실성과 비극』Truthfulness and Tragedy, 『성품과 그리스도교인의 삶』Character and the Christian Life을 살펴야 합니다.** 로완 윌리엄스가 쓴 책과 같은 책을 쓰려면 저 역시 이전 작업으로 돌아가 다시 살피고 써야 할 겁니다. 그렇지 않으면 누구에게도 별 도움이 되지 않겠지요. 저는 제 모든 논의를 하나의 책에 담는 것에 저항했습니다. 독자

---

* Stanley Hauerwas(리처드 본디Richard Bondi, 데이비드 버렐David Burrell과 공저), *Truthfulness and Tragedy: Further Investigations into Christian Ethics* (Notre Dame: University of Notre Dame Press, 1977)

** Stanley Hauerwas, *Character and the Christian Life: A Study in Theological Ethics* (San Antonio: Trinity University Press, 1974)

들이 제가 겪은 생각의 과정에 동참하기를 바라기 때문이지요. 제가 어떤 과정을 통해 지금의 자리에 이르렀는지를 알았으면 좋겠어요.

웰스 맞습니다. 그래서 사람들은 교수님에 대한 단편적인 인상만을 갖게 되지요. 그런 수고는 들이지 않으니까요.

하우어워스 내 잘못이지(웃음).

웰스 거의 불가피한 일이지만, 교수님 탓은 아닙니다.

하우어워스 하지만 제 책이 미래에 어떤 영향을 미칠지를 어느 정도는 가늠할 수 있을 것 같기도 합니다. 저의 신학에 관해 쓴 사람들이 있기 때문이지요. 그분들에게 참 감사한 마음입니다. 샘의 책은 제 신학 연구의 흐름을 이해하는 데 커다란 도움을 주었어요.* 그리고 새로운 시도를 하는 책들도 나오고 있습니다. 딘Robert J. Dean의 책, 저와 바르트에 관해 쓴 헌시커David B. Hunsicker의 책이 그 대표적인 예지요.** 제 생각에는 젊은 학자들이 제 작

---

* 다음의 책을 가리킨다. Samuel Wells, *Transforming Fate into Destiny: The Theological Ethics of Stanley Hauerwas* (Carlisle: Paternoster Press, 1998)

** 다음의 책들을 가리킨다. Robert J. Dean, *For the Life of the World: Jesus Christ and the Church in the Theologies of Dietrich Bonhoeffer and Stanley Hauerwas* (Eugene, OR: Pickwock Publications, 2019), David B. Hunsicker, *The*

품들을 좀 더 잘 이해하고 있는 것 같습니다. 그리스도교가 어떤 자리에 있는지에 대한 저의 생각들, 우리가 이 세상에서 어떤 방식으로 우리 자신을 이해하고 있는지에 대한 생각들이 현실에서 좀 더 분명하게 드러났기 때문이겠지요.

웰스 쉽게 말하면, 교수님과 다른 시기에 태어난 이들이 교수님이 가는 곳을 더 잘 알아본다는 이야기겠지요. 요즘 세대는 교수님의 지난 여정에 공감하기는 힘들 겁니다. 이를테면 교수님이 70년대 중반에 왜 그리 분노했는지 헤아리기는 힘들 거에요. 오늘날 세대의 어휘 목록에는 상황 윤리situation ethics라는 말이 없습니다. 하지만 당시에는 상황 윤리가 대세였다는 점, 젊은 시절 교수님이 관여했던 논쟁들, 그리고 교수님이 제시한 대안인 '덕'이 60년대 대다수 학자가 집착했던 관념과는 대비를 이룬다는 점은 잘 이해하지 못할 겁니다. 하지만 그렇다고 해서 교수님이 가는 곳이 새로운 세대에게 도움이 되지 않는 것은 아니지요.

하우어워스 맞아.

웰스 공동체, 전통, 성품, 덕과 관련된 교수님의 작업이 있기에, 그리고 의료윤리, 장애를 포함한 수많은 영역에서 저들이 어떤

Making of Stanley Hauerwas: Bridging Barth and Postliberalism (Illinois: IVP Academic, 2019)

역할을 하고 있는지에 대한 구체적인 예들이 있기에 후속 세대들은 그 위에서 자신들의 작업을 하겠지요. 누군가 교수님과 바르트에 관한 책을 쓴 것은 반가운 일입니다. 최근 연구자들은 교수님과 바르트가 직접적인 연관을 맺고 있다고 보는 것 같습니다. 이론상으로는 가능하지요. 바르트가 1968년 세상을 떠났고 교수님은 1969년부터 글을 썼으니까요. 하지만 교수님의 논의가 곧바로 바르트의 논의와 연결된다고는 보지 않습니다.

하우어워스 그렇지. 맞아.

웰스 리처드 니버Richard Niebuhr를 필두로 다양한 학자들, 특히 프라이Hans Frei와 린드벡을 거쳐야 하지요. 20년 전 저는 그 흐름 중 일부를 추적하기 위해 노력했습니다. 다른 누군가 그런 작업을 다시 하는 건 무척 놀라운 일입니다. 그러한 측면에서 교수님과 바르트를 곧바로 연결하려는 시도도 좋은 것 같아요. 해 볼만한 일이지요. 어떤 사람은 교수님과 비트겐슈타인에 관해 책을 쓰기도 한 것 같은데요.

하우어워스 브래드 캘렌버그Brad J. Kallenberg가 썼지.*

---

* 다음의 책을 가리킨다. Brad J. Kallenberg, *Ethics as Grammar: Changing the Postmodern Subject* (Indiana: University of Notre Dame Press, 2001)

웰스 하나는 해결되었군요.

하우어워스 알레산드로 로바티Alessandro Rovati라는 이탈리아 학생이 있었는데, 매킨타이어의 저작들을 저와 공부하기 위해서 왔었어요. 그리고 밀라노 대학교에서 석사 논문으로 매킨타이어에 대한 글을 썼는데 박사 논문은 저에 관해 쓰고 싶다고 하더군요. 그래서 "좋아. 1년 동안 함께 책을 읽어보세. 『비전과 덕』을 처음부터 끝까지 꼼꼼히 읽어보는 거야"라고 답해주었습니다. 이후 그는 밀라노 대학교에서 멋진 논문을 썼지요. 덕분에 사람들은 그 책에 관해 알게 되었지요. 그 책을 직접 읽어보지는 않았겠지만 말입니다. 노트르담 대학교의 신학자 게리 맥케니Gerry McKenny는 언젠가 저에게 이런 말을 하더군요. 20세기 전반에는 라인홀드 니버가 그다음에는 리처드 니버가 그리스도교 윤리학 분야를 지배했다면, 그들 이후에는 제가 이 분야를 지배하고 있다고 말이지요. 맞는 이야기인지는 모르겠지만, 그랬으면 좋겠습니다. 제가 문제를 제기하기 전까지 … 제가 글을 쓰기 시작했을 때 덕이나 이야기에 관한 논의는 거의 없었기 때문이지요.

웰스 차이가 있다면 니버 형제는 귀족이고 교수님은 반란군이라는 것이죠(웃음). 교수님의 후계자들은 인종 문제와 성 문제가 주요 사안으로 떠오른 그리스도교 윤리 분야에서 활동하고 있고요. 하지만, 그들이 교수님만큼 담론을 구성해내고 있는지는 모르겠습니다. 교수님의 반항적인 글에는 새롭게 틀을 구성하려는 감각이 담겨 있는데 말이지요. 교수님에게 '지배'라는 말은 어울리지 않는 것 같습니다.

하우어워스 자네 말이 맞네.

웰스 오늘날 거의 모든 신학적 대화들에서 교수님을 언급합니다. 종종 희화화되기도 하지만 말이지요. 교수님은 그 대화에 참여하는 대다수 학자를 알지 못할 겁니다. 하지만 거의 모든 학자가 교수님을 알고 있지요.

일곱 번째 대화

설교에 관하여

랭더크 두 분은 많은 설교를 하셨는데요. 처음 어떤 설교를 했는지 기억하시나요?

하우어워스 네, 기억납니다. 아주 또렷이 기억하지요. 예수에게 제 삶을 바치기로 결단했던 열다섯 혹은 열여섯 즈음이었어요. 당시 플레전트마운드감리교회에서는 예수에게 자신의 삶을 바치고 목회자가 되겠다고 결단한 사람들은 주일 저녁 설교를 해야 한다는 전통이 있었습니다. 그리고 제가 할 차례가 왔지요. 똥줄이 탔습니다. 어떻게 해야 할지 전혀 감이 오지 않았어요. 그래서 교회 도서관에 가 해리 에머슨 포스딕Harry Emerson Fosdick이라는 사람이 쓴 설교집을 찾았습니다. 『어려운 시기를 위한 신앙』A Faith for Tough Times이라는 책이었지요. 그 책에 있는 설교 중 하나를 베껴서 설교했습니다. 제 첫 번째 설교는 좋은 진보 개신교 목사가 한 설교였던 셈이지요.

웰스 진보적인 개신교 목사님들은 "의심의 여지 없이"라는 표현을 자주 쓰시죠. "뉴욕에 사는 사람이라면 누구나 의심의 여지 없이 동의할 것입니다." 이런 식으로 말이에요.

하우어워스 (웃음) 맞네, 맞아. 그 부분은 제가 수정을 했습니다. 그리고 음주에 관해 언급했어요. 술을 마시지 말아야 한다고 했습니다.

웰스 좋네요. 저는 리버풀에서 처음 설교를 했습니다. 대학교를 졸업한 다음 해, 신학대학원에 가기 전이었지요. 1981년 11월, 전사자 추도일Remembrance Sunday(*제1, 2차 세계대전 전사자 추도일)이었고 나이 든 분들 열둘에서 열다섯 명 정도를 대상으로 한 설교였습니다. 오르간도, 피아노도 없어서 즉석에서 성가를 골라 불렀지요. 어떤 설교를 했는지는 기억이 나지 않는데, 한 여사님이 설교 내내 고개를 끄덕이셨던 모습이 기억납니다. 기분이 참 좋더군요. 내내 미소를 보이셔서 힘도 났습니다. 제 설교를 잘 이해하고 계신 것처럼 보였지요. 그래서 봉헌 시간에 말했습니다. "오늘은 전사자 추도일입니다. 많은 분께 오늘은 매우 중요한 날일 겁니다. 사랑하는 이들이 전쟁에서 싸웠던 것을 기억하는 날이니까요. 혹시 자신이 가장 좋아하는 성가를 골라 주실 분 계신가요." 아무도 답을 하지 않아 그때까지 제 설교를 귀 기울여 들으시던 여사님을 보고 말했습니다. "혹시 여사님이 골라 주시면 어떠실까요?" 그러자 그분 옆에 있던 다른 여사님이 말하더군요. "이 친구 걱정은 하지 말게, 젊은이. 이 친구는 귀가 안 들려." 그게 제 첫 설교 풍경이었습니다.

랜더크 이후 많은 설교를 하셨지요.

웰스 이후에도 많은 청각 장애인 신자분들이 적절한 순간에 고개를 끄덕여준 덕분이지요.

랜더크 두 분은 설교 준비와 강의 준비가 다른가요?

하우어워스 그 부분에 대해서는 생각해 본 적이 없네요. 설교문을 쓸 때 학술 논문을 쓸 때보다 더 많은 시간을 쏟기는 합니다. 저는 보통 한두 달 전에 설교문을 미리 써 놓아요. 대다수 설교자는 누릴 수 없는 혜택이지요. 제가 설교할 성서 본문이 정해지면 그 본문을 복사기로 복사한 다음 가방에 넣고 다니면서 틈날 때마다 그 본문을 계속 읽습니다. 그러면서 각 구절이 어떻게 연결되는지 고민하지요. 그리고 본문이 우리 삶, 세상에 어떤 말을 건네는지 계속 기다립니다. 저는 본문 뒤에 숨으려 하지 않습니다. 최근 사라의 웃음에 관한 설교를 들었는데 설교자는 슬퍼서

웃었다고 이야기하더군요. 온갖 심리학 이론들을 언급하면서 결핍의 고통을 겪는 여성의 웃음은 쓴웃음일 수밖에 없다고 말입니다. 그런 설교는 그냥 헛소리라고 생각해요. 성서 본문이 전하는 바를 회피하거나 그 뒤에 숨으면 안 됩니다. 리처드 헤이스의 표현을 빌리면 "말들이 빚어내는 흐름"에 참여해야 합니다. 저는 복음에 비추어 아브라함이 모든 민족의 아버지가 되는 것이 어떠한 의미가 있는지, 둘이 어떠한 연관이 있는지, 이와 관련해 본문의 말들이 어떤 흐름을 빚어내는지를 보여주려 합니다. 그렇게 본문의 상호관계를 살핌으로써 저는 우리가 살아가는 세상, 그리고 우리 자신을 이해할 수 있도록 도우려 하지요. 설교문은 학술 논문보다 훨씬 더 창의력을 요구합니다. 설교문을 쓸 때는 설교자의 의견이나 판단이 아닌, 성서 본문의 명령을 따라써야 하기 때문이지요. 저는 그렇게 설교할 내용을 발견하려 합니다. '발견'이라는 말이 중요합니다. 설교는 설교자가 창조하는 것이 아닙니다. 발견하는 것이지요.

웰스 설교를 얼마만큼 준비해야 하느냐는 질문에 대해서는 많이 고민하고 글을 쓰기도 했습니다. 이 때문에 제 평판이 나빠지기도 했지요. 언젠가 이 주제로 강연을 했을 때, 저는 한 번의 설교를 위해 여섯 개에서 열 개 정도 주석을 참고한다고 이야기했습니다. 그러니 한 분이 그럴 시간이 없는 설교자는 어떻게 해야 하냐고 묻더군요. 그래서 저는 답했습니다. "여러분은 지금 '좋은 설교자가 되려면 어떻게 해야 하는가'라는 강연을 듣고 계십니다.' 되게 교수님 같은 대답이었지요. 가끔 제가 교수님이 할 법한 말을 하면 평판이 나빠지곤 합니다(웃음). 그래도 계속 말했지요. "좋은 설교자가 되고 싶습니까? 아닙니까?" 주석을 여섯 개에서 열 개 정도 참고한다는 것은 교회 역사 속에서 저 이전에 이미 이를 두고 고민했던 무수한 사람이 있었다는 사실을 존중한다는 뜻입니다. 지난 2,000년 동안 신앙의 선배들이 어떻게 본문을 읽고 고민했는지에 관심이 없다면… 뭐, 관심이 없을 수도 있겠지요. 하지만 좋은 설교자가 될 수는 없습니다. 제가 그런 식으로 답변하면 많은 사람이 싫어하고 더 묻지도 않습니다. 좀 더 정중하게 대응할 수 있겠지요. 하지만 종종 교수님과 주파수가 통할 때가 있고 그냥 그대로 말을 하기도 합니다.

첫 번째 원칙은, 하느님께서는 오늘날 회중에게 주신 계시가 있다는 것입니다. 완벽하다고는 할 수 없지만, 하느님께서는 이를 통해 결정적인 당신의 뜻을 드러내십니다. 신약이 쓰였던 1세기 그리스도인들에게 그러하셨듯 오늘날 우리에게도 그분께서는 성서를 통해 말씀하십니다. 성사가 단순한 기념 활동이 아니라 지금, 이 순간에도 하느님께서 그곳에 함께하신다는 사실에서 일어나는 활동이듯 말이지요. 그러한 면에서 설교는 '강의'가 아닙니다. 설교는 자신을 드러내시는 하느님을 보도록 돕는 활동입니다. 그렇기에 신학은 매번 윤리학을 이깁니다. 거의 매번이요. 설교는 우리가 무엇을 해야 하는지 윤리적 가르침을 전하는 것이라고 생각하는 사람들은 설교자의 책무를 잘못 알고 있을 뿐만 아니라 설교에 대해서도 오해하고 있는 것입니다. 설교는 하늘을 찢어서 하느님을 더 잘 볼 수 있게 하는 활동입니다. 제가 설교를 준비할 때는 세 가지 단계를 거칩니다. 우선 주일 예배를 위해 마련된 세 본문을 보면서 그중 하나를 찾습니다. 어떤 본문이 하느님의 전체 목적을 드러내는지를 물으면서 말이지요. 그다음으로는 어떤 본문이 잠재적으로 변혁적인지, 겉으로 보이는 것보다 훨씬 더 많은 의미를 지니고 있는지를 살핍니다. 마지막으로는 본문이 어떻게 교회나 사회의 물음에 응답하며 새로운 질문의 장을 열어젖히는지를 살핍니다. 그리고 설교자는 자신의 자리를 살필 필요가 있습니다. 정기적으로 설교하는 자리인지, 특정 교회를 방문해 한 번 설교하는지를 검토해 봐야지요. 정기적으로 설교하는 성직자보다 비정기적으로 설교하는 사람은 좀 더 설교하기 유리한 조건에 있습니다. 저는 이 모든 것을 고려해 다양한 조합을 시도합니다. 아홉 줄 정도 되는 성서 구절을 가지고 전체 구원의 역사를 설명하는 것은 매우 값진 일입니다. 교수님도 그런 설교를 좋아하실 것 같아요. 보통 그런 방식으로 설교를 하지는 않으시니 말이지요.

하우어워스 샘과 저는 설교가 논증이어야 한다고 생각합니다. 무슨 뜻이냐면, 설교는 사람들의 통념을 거스르는데, 이를 위해서는 그 근거를 제시해야 한다는 것이지요. 저는 비폭력이라는 관점 아래 설교를 합니다. 설교란 계시의 선언, 폭력적인 세상을 거스르는 하느님의 뜻을 밝히는 것이라고 믿기 때문이지요. 하지만 아무 근거 없이 "십자가는 비폭력의 사건입니다. 그러므로 여러분도 비폭력을 추구해야 합니다"라고 말한다면 사람들이 "무슨 말인지 모르겠어요"라고 해도 전혀 이상한 일이 아닙니다. 그런 식의 설교는 또 다른 폭력입니다. 회중이 응답할 수 없기 때문입니다. 이 때문에 설교자는 좀 더 분명하게 문제를 제시할 수 있어야 합니다. 이를테면 '왜 그리스도교에서는 전쟁을 문제시할까'라는 문제를 던진 뒤 현실이 원래 그렇다고 생각하지 않고 이를 문제시할 수 있다는 것 자체가 복음임을 일깨우는 것이지요. 그러면 사람들은 "그 부분에 대해서는 한 번도 생각해 본 적이 없네요"라는 반응을 보일 겁니다. 이런 설교는 어떤 구체적인 입장을 강요하지 않으면서도 현실에서 일어나는 문제들에 대해 다시 생각해 보자고 제안하는 초대가 됩니다. 설교는 자칫하면 듣는 이들이 생각할 여지를 남기지 않는 교훈이 되기 쉽습니다.

웰스 설교가 논증이라는 교수님의 이야기에 전적으로 동의합니다. 저는 감정을 두서없이 표출하는 설교나 "이번 주는 저에게 어땠습니다"라는 식의 블로그 기록 같은 설교를 보면 화가 치밀어 올라요. 설교는 성서 본문에 대한 회중의 혼돈, 삶에 대한 회중의 혼돈에서 질서를 끌어내는 활동입니다. 이러한 맥락에서 설교는 조화라 할 수도 있고 융합이라 할 수도 있습니다. 성서에 대한 믿음, 삶에 대한 믿음을 빼앗아 혼란스럽게 만드는 것이 아닙니다. 저는 이런 설교를 너무나 많이 들었습니다. "여러분은 필립비인들에게 보낸 편지 3장에 나오는 "기쁨"에 관한 이야기가 행복에 관한 이야기인 줄 아시지요. 하지만 이때 "기쁨"은 기운을 내라는 뜻입니다. 낙담하지 말라는 거지요. 행복은 아닙니다." 아니, 이런 설교에 어떻게 아멘으로 응답합니까? 복음은 실로 기쁜 소식 아닙니까? 설교는 사람들의 일상을 다루면서도 이에 관한 그리스도교 계시의 분명한 의미를 전해야 합니다. 그것이 설교의 핵심이지요.

랭더크 그렇다면 신자들은 설교를 들으며 무엇을 기대해야 할까요? 둘 다 설교는 논증이어야 한다고 이야기하셨는데, 교수님은 주일 아침에 교회에 가시면 어떤 기대를 하시는지요?

하우어워스 설교의 중심에 그리스도론이 있기를 기대합니다. 당일 성서 본문에 대한 반응이자 뭔가 이야기하는 바가 있으며 감상에 빠져있지 않기를 바라지요. 설교자가 "제가 10살 된 딸에게 배운 게 있습니다"라고 말하면 그 설교는 잊어도 된다고 생각합니다. 허튼소리일 거예요. 감상에 빠져있기 때문이지요. 유머는 중요합니다. 설교가 즐거움을 준다는 것에 대해서는 아무런 문제도 없다고 생각해요. 몇 년 전 세족 목요일에 성 가정 교회에서 설교를 한 적이 있습니다. 그때 이렇게 설교를 시작했지요. "성공회 신자들은 다른 사람의 손길을 느끼기 위해 교회에 오지는 않습니다." 사람들은 웃음을 터뜨렸습니다. 거기 앉아 있던 대다수 신자는 누군가가 자신의 발을 씻는 것에 부담을 느끼고 있었기 때문이지요(우리 교회에서는 모든 신자의 발을 씻습니다). 자신들이 어떠한지를 알아보았기에 그분들은 재미있어했습니다. 그다음 저는 예수의 손길이 닿는다는 것이 어떤 의미인지를 이야기했습니다. 이처럼 설교는 재미와 웃음을 주면서도 복음의 핵심을 담아낼 수 있습니다. 저는 왜 수많은 사람이 조엘오스틴 목사의 설교에 열광하는지 모르겠습니다. 그의 설교는 너무나도 단순하고 피상적인데 말이지요.

웰스 제 생각에는 세 가지 정도 이유가 있을 것 같습니다. 조엘오스틴 목사는 사람들이 자신의 지루한 삶을 벗어나 자신이 어떤 거대한 사건의 일부가 된 것 같은 기분이 들게 해줍니다. 그다음으로는 삶을 개선할 수 있는 아주 실용적인 안내를 해줍니다. 마지막으로는 그러한 안내를 삶에 적용해 온갖 걱정과 불안에서 벗어난 것처럼 보이는, 이른바 성공한 사람들 주변에 자신이 있다고 '느끼게' 해주기 때문인 것 같아요.

하우어워스 허, 참, 그런 사람들의 자녀들이 나중에 교회에 가겠습니까. 아이들은 분명히 부모들이 무엇 때문에 교회에 가는지,

거기서 무엇을 얻는지를 꿰뚫어 볼 겁니다. 저는 설교를 할 때는 언제나 성찬이라는 맥락을 고려해야 한다고 봅니다. '바로 이것 때문에 우리가 설교를 한다'는 것을 암시해야 한다는 것이지요. 칼뱅은 설교를 성찬의 시작으로 보았습니다. 그 과정을 마음에 새기는 것으로서 설교를 설명했지요. 흥미로운 논의라고 봅니다. 설교는 단순히 설교자가 하는 활동이 아닙니다. 주님의 살과 피를 받아들이듯 회중이 말씀을 받아들이는 것이지요.

웰스 윌리엄 윌리몬 목사님과 함께 쓴 『낯선 이들을 향해 설교하기』Preaching to Strangers가 생각나네요.* 저는 이 책이 교수님이 쓴 책 중에 너무 저평가받고 있다고 생각합니다. 제가 듀크 대학교회에 있을 때 교수님과 이런 책을 쓰지 않은 것을 후회하고 있습니다. 그 책은 제가 처음으로 읽은 교수님과 윌리엄 윌리몬 목사님의 책이었습니다. 거기서 교수님은 신자들의 도덕적 형성, 그리고 설교가 왜 회중을 필요로 하는지에 대해 이야기합니다. 그 책을 읽기 전에는 한 번도 생각해 보지 못했던 지점들이지요.

하우어워스 내가 아는 사람 중에 그 책을 읽은 사람은 성 가정 교회 관할사제인 클라크 프렌치Clarke French와 자네밖에 없네. 아마 그 책을 읽은 사람은 그게 전부이지 않을까 싶네요(웃음). 저는

---

* William Willimon, Stanley Hauerwas, *Preaching to Strangers* (Louisville: Westminster John Knox Press, 1992)

설교자가 존재해야 하는 회중을 향해 설교해야 한다고 생각합니다. 그러한 회중이 현실에서는 존재하지 않더라도 말이지요. 설교를 통해 성령께서는 사람들 안에서 말씀을 변모시키십니다. 이러한 맥락에서 설교는 성령과 말씀의 활동을 신뢰하는 길이기도 합니다.

웰스 네, 성령이 어떤 식으로 활동하는지는 알 수 없지만 말이지요. 설교 후 설교자는 사람들이 설교에 대해 하는 말은 신경 쓰지 말아야 합니다. 그건 설교에 대한 신자 개인의 관점을 담고 있고 전체 신자의 입장을 대변하지는 않으니까요. 절대 알 수 없습니다. 흥미로운 점은 제가 신자 중 특별히 한 사람을 염두에 두고 설교를 준비한 다음 설교를 하면, 정작 그 사람은 교회에 오지 않은 경우가 비일비재하다는 겁니다(웃음).

하우어워스 라인홀드 니버는 『길들여진 냉소주의자의 노트』Leaves from the Notebook of a Tamed Cynic에서 설교자들이 설교할 때 복음의 메시지를 타협하는 이유는 그렇게 하면 자신의 지위나 월급이 깎일까 두려워서가 아니라 이렇게 저렇게 상처받은 (설교자가 사랑하는) 신자들에게 진리를 설교하는 것이 어려워서라고 말한 바 있습니다.* 탁월한 통찰이라고 생각합니다. 배우자의 알코올 중

---

* Reinhold Niebuhr, *Leaves from the Notebook of a Tamed Cynic* (Chicago: Willett, Clark & Colby, 1929) 『길들여진 냉소주의자의 노트』(동연)

독으로 인해 고통을 겪고 있는 이에게 어떻게 진리를 설교할 수 있을까요? 답은 측은지심을 두르고 복음의 진리를 설교하는 것이 아닐까 싶습니다.

오늘날 교회를 비판하는 사람들은 교회를 이루고 있는 이들을 경멸하기 쉽습니다. 다른 누구보다 저 자신이 빠질 수 있는 지점이지요. 경멸은 우리가 섬기는 사람보다 우리가 더 우월하다고 느끼게 하는 악덕입니다. 오늘날 상당수 목회자가 냉소주의에 빠져있는데 이는 경멸과 아주 밀접한 관련이 있습니다. 우리는 이에 강력히 저항해야 합니다.

랭더크 그렇다면 이에 어떻게 저항할 수 있을까요? 냉소주의에 빠지지 않게끔 성직자들을 도와줄 수 있는 길이 있을까요? 어떤 실천들이 있는지요?

하우어워스 성직자들, 목회자들은 자신의 소명에 대한 감각, 하느님께서 자신을 성직자, 목회자로 부르셨다는 감각이 있어야 합니다. 이는 시간이 걸리는 일입니다. 시간은 복음이 우리에게 주는 것이지요. 그리고 성직자, 목회자는 하느님을 사랑하고, 자기 눈앞에 있는 이들을 사랑해야 합니다. 하느님께서 그렇게 인도하셨으니까요.

웰스 제가 『크리스천 센추리』Christian Century에 정기적으로 쓰는 글 대부분이 그 질문을 다루고 있다고 봅니다. 사목을 하면서 저는 점점 더 사람들에 대해 성급하고 부적절한 판단을 내렸다는 걸 깨닫습니다. 사람들은 훨씬 더 입체적이고 다양한 질감을 지니고 있어요. 그래서 제 판단을 부끄러워하게 되는 경우가 많습니다.

설교와 관련해 우리가 이야기하지 않은 몇 가지 문제가 있습니다. 바로 주변 환경의 변화에 따른 설교의 문제들이지요. 다양한 매체가 등장함에 따라 이를 설교에서 활용하는 것이 어떠한지, 설교자가 권력을 남용하는 것은 아닌지, 반대로 전하는 메시지가 축소되는 것은 아닌지, 온라인 설교가 회중의 참여를 가로막는 것은 아닌지를 두고 전 세계 신학교에서 활발한 논의를 하고 있습니다. 이에 관해 저는 마음에 커다란 변화가 일어났을 때, 혹은 무언가 심오한 것을 발견했을 때를 생각해 보자고 제안하고 싶습니다. 보통 이러한 순간은 두 가지 방식으로 이루어집니다. 첫 번째 방식은 엠마오 도상에서처럼 누군가 우리와 함께 걷고, 우리의 이야기를 들어주면서 우리의 지난 경험을 새롭게 보도록 해주는 것입니다. 우리의 경험이 찻잎 같은 것이라면, 그 찻잎을 우려내 그때까지 깨닫지 못했던 지혜를 발견하도록 하는 것이지요. 또다른 방식은 TV 프로그램이든, 학교 선생님이든 외부의 누군가가 그전에는 전혀 알지 못했던 지식이나 개념을 선물로 주는 것입니다. 이를테면 우리가 아예 모르는, 다른 태양계의 한 행성에서 화학 반응이 어떻게 일어나는지를 설명하는 다큐멘터리를 본다면 얼마나 새롭고 경이로울까요? 저는 두 번째 방식의 설교가 대화對話의 능력, 곧 서로 맞서 이야기함으로써 생겨나는 힘을 지녔다고 봅니다. 우리가 줄곧 이야기했던 대로, 대화야말로 인간과 인간 사이에 이루어지는 상호작용의 근본적인 형태가 아니겠습니까? 당연한 소리지만, 첫 번째 방식으로 익힌 지혜는 나눌 수 없고 수정될 수 없다는 이야기가 아닙니다. 설교자가 신자들의 갈망을 이해하며 말할 수 있다면, 그리고 사람들이 이해할 수 있는 언어로 복음을 표현할 수 있다면 그것으로 충분하다고 생각합니다. 그리고 무언가를 방어하는 태도는 그리 좋지 않습니다. 오늘날처럼 사람들이 특정 문화에 젖어 있어 복음을 받아들이기 어려운 시기에 복음을 방어한다는 이유로 허풍떠는 것을 경계해야 합니다.

한 사람이 자신의 목소리를 내는 것만큼 강렬한 인상을 남기는 것은 그리 많지 않습니다. 그러고 이러한 맥락에서 설교는 독창과 같아요. 가수 한 사람이 무반주로 마이크만 잡고 노래를 부르는 것처럼 매력적인 것은 드뭅니다. 노래가 좋고, 가수가 훌륭한 목소리를 가졌다면 말이지요. 이를 신뢰한다면, 사람들에게 전할 말이 있다면 전해야 합니다. 게다가 복음은 진실로 좋은 소식이고 좋은 소식일 수밖에 없으니 목소리 내 전하는 것이 마땅합니다.

하우어워스 제 생각에 근본적으로 나쁜 설교자들의 문제는 회중을 두려워한다는 것입니다. 그런 설교자들은 자신이 해야 할 말을 자신이 정말로 이해하고 있는지를 확신하지 못합니다. 그리고 누구의 기분도 상하게 하고 싶지 않기 때문에 '인생을 잘 사는 법'과 같은 엉터리 약을 팔곤 합니다. 모든 사람이 알고 있는 단순한, 그래서 쓸모없는 말들을 지껄이지요. "다인을 친절히 대합시다" 같은 말들 말입니다. 고작 이런 말을 듣기 위해 교회에 가는 겁니까? 게다가 이 말이 꼭 좋은 조언이라고도 할 수 없잖아요(웃음).

웰스 교수님은 그런 조언은 절대 진지하게 받아들이지 않으시지요.

하우어워스 설교자는 어떻게 사람들이 하느님을 신뢰할 수 있도록 설득할 수 있을지를 고민해야 합니다. 그러한 고민 가운데 복음을 선포하면, 하느님께서는 신자들 안에서 당신의 말씀을 빚어내실 것입니다. 이것이 목회의 근본적인 흐름입니다. 신학교에서 이런 훈련이 잘 진행되고 있으면 좋을 텐데, 그렇다는 생각은 들지 않네요. 어떤 신학교나 신학대학원에서는 학생들에게 대학교회 예배 설교를 맡기는 경우가 있는데 그리 좋지 않다고 봅니다.

웰스 어쩔 수 없이 교수님은 듀크 대학교 신학대학원생들이 이

따금 대학교회에서 주일 설교를 하는 것에 대해서도 말해야 겠군요.

하우어워스 보통 학생들을 이상하게 만드는 경우가 많더라고요. 이런 게 느껴집니다. '제가 얼마나 많이 배웠는지, 실력 좀 발휘해보겠습니다.' 앞서 언급한 설교의 의미, 그리고 과정에 대해 생각해 보면 이건 학생들에게도 좋지 않고 교수진에게도 좋지 않은 것 같아요.

랜더크 한 분은 사제 서품을 받으셨고 한 분은 평신도이신데 이 때문에 설교가 차이가 나는 점이 있을까요?

웰스 제 설교가 낫지요(웃음).

랜더크 제가 묻고 싶었던 걸 바로 답해주셨네요(웃음). 교수님도 그렇게 생각하시나요?

하우어워스 음, 저는 서품 받지 않았으니까요.

랜더크 네. 그래서 교수님과 신부님의 설교에 차이가 있나요?

하우어워스 글쎄요. 저는 설교할 때 성직자들과 같은 책임감을 가지고 설교하려 애씁니다. 제 의견을 말하지 않고 오랜 시간에 걸쳐 교회가 선포한 복음을 설교하려 노력합니다. 그래서 저는 최근에 나온 성서 주석을 읽는 데 그리 많은 시간을 들이지는 않습니다. 제가 신학대학원에 있었을 때 신약개론 때 배운 것과 똑같은 이야기만 되풀이하더군요.

웰스 잘못된 것들을 읽으셨네요.

하우어워스 그보다는 고전적인 주석서들, 교부들의 성서 주석이나 종교개혁자들의 주석을 더 많이 읽습니다. 상상력을 자극하는 기이한 내용이 담겨 있지요. 하지만 마르코(마가)가 Q 자료를 참조했는지 안 했는지 미주알고주알 하는 걸 읽노라면 정말…

웰스 저는 현대 성서 주석을 많이 참조하지만, 교수님이 언급한 그런 이야기를 하는 주석은 읽지 않습니다. 성직자들은 평신도들이 얼마나 복음을 진지하게 받아들이는지를 늘 마음에 새기고 있어야 합니다. 저는 그러한 모습을 볼 때마다 무척 놀랍니다. 탁월한 평신도 설교자들이 있어요. 제가 가장 열심히, 기뻐하며 들었던 평신도 설교자들을 꼽자면 교수님, 그리고 엘렌 데이비스Ellen Davis 교수님*이 있습니다. 성직자들은 교회 신자들이 주님

---

*　엘렌 데이비스(1950~)는 구약학자이자 성공회 신학자다. 캘리포니아 대학교 버클리 캠퍼스에서 비교문학을 전공했고, 예일 대학교 신학대학

께 받은 사목적, 선교적 역량을 진지하게 받아들여야 합니다. 신자들은 성직자들을 자극하고 활력을 불어넣습니다. 때로는 성직자가 잊어버린, 혹은 한 번도 발휘해 본 적 없는 역량을 발휘하기도 하지요. 물론, 이는 자칫 누구나 마음대로 설교를 할 수 있다는 생각, 설교는 교회 구성원이 자기 견해를 밝히는 것이라는 생각을 불러일으킬 수도 있습니다. 제가 아는 어떤 교회에서는 신부님이 예배를 마치고 신자들에게 설교의 어떤 부분이 좋았는지 물어보니 "다양한 목소리와 견해를 들을 수 있어서 좋았어요"라고 답하더군요. 하지만 어떤 점이 좋았는지는 구체적으로 이야기를 하지 못했습니다. 다양성은 그 자체로 미덕은 아니기 때문에 그런 이야기를 들으면 의구심이 듭니다. 다양성이라는 이름 뒤로 숨어버리는 게 아닌가 말이지요.

하우어워스 언젠가 뉴욕 5번가에 있는 성 토마스 교회에서 가상 칠언을 가지고 설교를 한 적이 있습니다. 『십자가에 찢긴 그리스도』Cross-Shattered Christ라는 책으로 나오기도 했지요.* 제가 꽤 만족

원에서 구약학으로 박사 학위를 받았다. 이후 유니온 신학교, 예일 대학교 신학대학원, 버지니아 신학교 등을 거쳐 2004년부터 현재까지 듀크대학교 신학대학원 구약학 및 실천신학 교수로 활동하고 있다. 주요 저서로 『성서, 문화, 농업』Scripture, Culture, And Agriculture(코헨), 『하나님의 진심』Getting Involved with God(복 있는 사람), 『경이로운 깊이』Wondrous Depth 등이 있다.

* Stanley Hauerwas, *Cross-Shattered Christ: Meditations on the Seven Last Words* (Grand Rapids: Brazos, 2011) 『십자가 위의 예수』(새물결플러스)

하는 연속 설교였는데 신학을 어떻게 설교라는 형태로 표현할 수 있는지를 엿볼 수 있다고 생각합니다. 설교를 준비하며 저 역시 정말 배웠지요. 특히 "다 이루었다"는 말씀을 묵상할 때 그랬습니다. 이 말씀은 "이제 난 죽는다. 난 죽었다"는 의미가 아니라 "다 끝냈다. 내가 시작한 일을 다 이루었다"는 뜻, 즉 십자가가 위대한 승리이며 하느님 나라가 임했다는 뜻이지요. 이 설교를 하지 않았다면 저는 마태오 복음서에 대한 주석을 쓰지 못했을 겁니다. 설교자는 설교를 준비하면서 성서가 무궁무진함을 발견합니다. 진실로, 성서는 무궁무진합니다. 하느님께서 무궁무진하시기 때문이지요. 그래서 해마다 같은 본문이 돌아오더라도 설교자는 이를 가지고 또다시 설교할 수 있습니다. 늘 무언가 더 있기 때문이지요.

웰스 저는 교수님처럼 특별히 마음에 들거나 자신 있는 설교는 없습니다. 하지만 설교에 관한 교수님의 논의에 대해서는 전적으로 동의해요. 요즘에는 구약 본문을 가지고 설교를 자주 합니다. 몇몇 설교는 구약이 복음이라는 신학적 확신을 담고 있지요. 몇몇 설교는 공공 영역에서의 복음에 관한 설교였는데 이에 대해서는 워낙 많이 해서... 제가 할 수 있는 말은 다 한 것도 같습니다(웃음).

하우어워스 알고 있네. 고맙게 생각하고 있지.

웰스 이론상으로는 성서가 무궁무진하다는 것을 알고 있습니다. 하지만 실제로 그 생명력과 역동성을 지속하여 발견하기가 쉽지는 않더군요. 성공회 신부이기 때문에 갖는 강박 때문인지도 모릅니다. 세 개의 성서 본문 모두를 잘 엮어내서 보여줘야 한다는 강박이 있는 것 같아요. 그 강박이 설교에 반영되면 설명이 너무 모호해져서 신자들이 이해하지 못하게 거나, 본문들의 연관성에만 골몰하는 바람에 각 본문이 지닌 힘을 떨어뜨리는 상황이 일어나게 되고 말이지요.

하우어워스 저도 같은 문제에 봉착한 적이 있습니다. 벗어나려고 노력하고 있지요.

웰스 네, 교수님도 고민 중인 문제라는 것을 알고 있어요. 어쨌든, 저는 이 강박에 저항하려 노력합니다. 물론 어떤 때에는 그렇게 해야 할 때가 있습니다. 축일 같은 때 말이지요. 공정하게 말하면, 과거 잉글랜드 성공회에서는 그렇게 하기를 권장했습니다. 그래서 그 세대 모든 성직자는 그렇게 하는 것이 일반적이라고 생각하지요. 하지만 저는 거기에 집착하지 않으려 합니다. 각 본문이 무슨 말을 하는지를 듣고 싶기 때문이지요. 그게 애초에 설교하려 했던 내용과 어긋난다 하더라도 말입니다. 불협화음을 내는 목소리들을 억지로 조화시키려 해서는 안 되는 것 같아요.

하우어워스 오늘날 설교의 문제점 중 하나는 구약은 좀처럼 다루지 않는다는 것입니다.

웰스 맞습니다. 제가 성 마틴 교회에 왔을 때 사람들은 구약을 아예 읽지 않고 있었지요.

하우어워스 "교회는 복음이라는 다이너마이트를 터뜨려야 한다"는 피터 모린Peter Maurin*의 말을 자주 생각합니다. 매주 일요일 설교자들에게는 복음이라는 다이너마이트를 터뜨릴 기회가 있습니다. 하지만 많은 경우 다이너마이트를 터뜨리는 것이 아니라 폭죽을 터뜨리지요.

랭더크 교수님, 구약으로 하는 설교가 충분치 않다고 하셨는데요. 그 외에도 설교하지 않는 것들이 있을까요? 설교자들이 설교해야만 하는데도 하지 않는 설교는 무엇이 있을까요?

하우어워스 전쟁에 관한 설교를 저는 들어본 적이 없습니다. 결혼에 관한 설교도 들어본 적이 없어요. 아이들의 신앙 교육에 관한

---

* 피터 모린(1877~1949)은 프랑스 출신 미국 로마 가톨릭 사회운동가이자 신학자다. 프랑스에서 태어나 1898년부터 2년간 군 복무를 한 뒤 가톨릭 평신도운동 조직인 르 셀롱에 적극적으로 참여했다. 1909년 캐나다로 갔다가 1932년 뉴욕에 자리를 잡았으며 1932년 12월 도로시 데이Dorothy Day와 만나고 이후 함께 가톨릭 일꾼 운동을 주도했다.

설교도 들어본 적이 없습니다. 죽음에 관한 설교도 들어본 적이 없습니다. 저는 장례식 설교가 매우 중요하다고 생각합니다. 복음을 통해 한 사람의 삶에 관해 이야기하기 때문이지요. 하지만 그런 설교는 들어보지 못했습니다. 대부분 감성에 호소하는 설교였지요. 무신론에 관한 설교도 들어본 적이 없고, 사랑의 실패에 관한 설교도 거의 들어보지 못했습니다. 이 정도면 충분한 설교 목록이 만들어진 것 같군요.

웰스 교수님이 언급한 주제 대부분을 이미 설교했다고 말할 수 있어 기쁘네요. 그와 상관없이 좋은 설교 주제 목록이라고 생각합니다. 대학교회에서 천국과 지옥에 대해 설교를 두 번 했는데, 교수님이 말한 바로 그 이유로 많은 호응을 얻었습니다. 돈, 성, 권력은 이 세상에서 가장 명백한 것들입니다. 이들이 사람들의 상상력을 장악하고 있음에도 불구하고 이에 관해 설교하지 않는다면 설교자는 자기 자신에게 물어보아야 합니다. 왜 하지 않느냐고 말이지요. 기도하는 법, 응답하지 못한 기도, 치유 같은 것들에 대해서도 많은 신자는 혼란스러워합니다. 휠체어에서 벌떡 일어나 교회 밖으로 걸어 나갈 것이라고 기대하지 않는다면 왜 그런 기대를 불러일으키는 치유 집회나 예배를 광고할까요? 이런 복잡한 문제에 대해 성직자는 신학적인 설명을 제시할 수 있어야 합니다. 생각해 보니 인공지능에 관한 설교를 들어보지 못한 것 같네요. 교회 분열의 문제도 충분히 이야기되지 않는 것 같고요. 그리스도 재림이 지연되는 문제를 두고 '이미' 혹은 '아직'이라는 답은 충분한 답이 되지는 못하는 것 같습니다. 신약에서는 그 모든 일이 몇 세대만 지나면 일어날 것이라는 기대감이 있었는데, 아직도 일어나지 않았지요.

제 생각에 사람들은 대다수 설교자가 회피하는 부분을 회피하지 않는 설교자를 존경하는 것 같습니다. 대다수 설교자는 어떤 본문에서 끌어낼 교훈이 없는 것 같으면 그 부분을 피해가지요. 왜 에스델서(에스더서)의 끝부분에는 학살이 일어나는 걸까요? 하느님 나라는 이런 나라일까요? 설교자가 두려워하지 않고 성서 모든 구절에서 하느님의 말씀을 듣고 이를 전할 때 사람들의 존경을 얻는다고 생각합니다. 바빌론의 어린아이들을 바위에다가 메어치는 사람에게 복이 있을 거라는 구절(시편 137편)에서조차 말이지요.

랜더크 섬뜩한 표현으로 이 장을 마무리하게 되네요.

웰스 이런. 여기서 끝내는 건 좋지 않은데 말이지요(웃음).

여덟 번째 대화

책, 동료 학자에 관하여

랭더크 요즘에는 어떤 신학자들의 저작을 읽고 있으신가요? 아직 글로 다루지 않은 사람 중에서 말이지요.

하우어워스 제가 글에서 다루지 않거나 언급하지 않은 신학자가 있나요? 농담입니다. 앞서 이야기했던, 장애인들과의 우정에 관한 강의를 준비하면서 여러 책을 읽고 있습니다. 특히 한스 레인더스Hans Reinders와 존 스윈턴Swinton의 책을 읽고 있지요. 위 주제와 관련해 지적으로 탁월한 책들을 쓴 학자들이라고 생각합니다. 매킨타이어 교수님의 책은 늘 가까이하지요. 최근작인 『근대성의 갈등 속 윤리』Ethics in the Conflicts of Modernity 역시 탁월합니다. 데이비드 벤틀리 하트David Bentley Hart*가 번역한 신약 성서도

---

* 데이비드 벤틀리 하트(1965~)는 미국의 동방 정교회 신학자이자 철학자, 문화비평가다. 메릴랜드 대학교, 케임브리지 대학교를 거쳐 버지

읽고 있는데, 한 방 맞은 느낌이 듭니다.[*] 엄청나요. 그리고 살인 미스터리물도 읽고 있습니다.

랜더크 살인 미스터리물이요? 거기에 대해서 좀 더 이야기해주시겠어요?

웰스 교수님이 그 장르를 탐닉하는 게 신기해요. 살인 미스터리물을 정말 많이 읽으세요.

하우어워스 살인 미스터리물은 질리지 않아요.

웰스 진짜 많이 읽으세요. 저의 경우에는 로버트 히니Robert Heaney가 쓴 『탈식민주의 신학』Post-Colonial Theology을 읽고 있습니다.[**] 저

니아 대학교에서 석사학위와 박사학위를 받았다. 버지니아 대학교, 성토마스 대학교, 듀크 대학교 신학대학원, 로욜라 칼리지 등에서 신학을 가르쳤고 세인트루이스 대학교 방문 교수를 거쳐 노트르담 고등연구소의 연구원을 지냈다. 본래 전공 분야인 철학적 신학, 조직신학뿐만 아니라 역사, 성서학, 문화비평, 소설 등 다양한 분야에 걸쳐 저술 활동을 하고 있다. 주요 저서로 『무한자의 아름다움』The Beauty of the Infinite, 『바다의 문들』The Doors of the Sea(비아), 『그리스도교, 역사와 만나다』The Story of Christianity(비아), 『무신론자들의 망상』Atheist Delusions(한국기독교연구소) 등이 있다.

[*] David Bentley Hart, *The New Testament: A Translation* (New Haven: Yale University Press, 2017)

[**] Robert S. Heaney, *Post-Colonial Theology: Finding God and Each Other Amidst the Hate* (Eugene: Cascade Books, 2019)

는 교수님처럼 한 번에 어마어마한 분량의 책들을 번갈아 가며 읽지 않습니다. 늘 읽는 소설들은 제외하면 말이지요. 소설은 즐겨 읽는 편입니다.

랭더크 어떤 소설들을 읽는지 궁금하네요. 교수님, 교수님이 엔서니 트롤럽Anthony Trollope의 작품들에 대해 커다란 애정이 있고 그의 모든 책을 다시 읽고 싶어 한다는 이야기를 많이 들었습니다. 정말 그런가요? 혹은 트롤럽만큼 매력적이라고 생각하는 작가들이 있나요?

하우어워스 트롤럽 본인은 자신이 이야기 전개에 능숙하지 않다고 말했습니다. 하지만 저는 그가 위대한 작가라고 생각해요. 인간에 대한 비범한 판단력을 갖고 있었고 자신이 싫어하는 부류에 대해서도 애정을 갖고 쓸 수 있었기 때문이지요. 그래서 저는 트롤럽 작품들을 매우 좋아합니다. 트롤럽 말고도 저는 살인 미스터리물을 즐겨 읽습니다. 본 사람이 거의 없겠지만 이에 관해 글도 쓴 적이 있지요.

웰스 「매키너니가 했다. ....」McInerny Did It라는 글이었지요?*

---

*   Stanley Hauerwas, 'McInerny Did It, or Should a Pacifist Read Murder Mysteries', *Recovering Nature: Essays in Natural Philosophy: Ethics, and Metaphysics in Honor of Ralph McInerny* (Notre Dame: University of Notre Dame Press, 1999)

하우어워스 맞아. 거기서 저는 평화주의자들이 살인 미스터리물을 읽어야 할지 말지를 다루었습니다. 살인 미스터리물을 읽다 보면, 독자는 탐정이나 수사관에게 자신을 이입하고 살인자들이 잡히기를 바라게 됩니다. 평화주의자들은 살인범들이 잡히기를 바라야만 합니다. 그들을 죽여야 한다는 이야기가 아니라 정의가 실현되기를 바라야 한다는 것이지요. 이를 설명하는 것은 저에게는 꽤 커다란 도전이었습니다. 읽은 사람은 거의 없겠지만, 저는 제 글에 만족해요.

랭더크 소설을 직접 써보겠다고 생각한 적은 없나요?

하우어워스 없습니다. 많은 사람이 생의 후반기에 "에라, 모르겠다. 이제 일하는 건 지쳤어. 소설이나 써야지"라고 말하는데, 소설을 쓰기 위해서는 상당한 훈련과 기술이 필요합니다. 저는 그런 훈련을 하지 않았기 때문에 소설을 쓸 생각은 없습니다. 『한나의 아이』에 소설의 요소가 있기는 합니다. 하지만 소설은 아니지요.

랭더크 교수님, 앞에서 인종에 대해 더 많이 썼다면 좋았을 거라고 말씀하신 적이 있습니다. 실제로 그러지는 못하셨지만, 이와 관련된 많은 책을 읽고 계신 것으로 알고 있습니다. 그중에서 추천할 만한 책이 있는지요? 교회가 귀 기울여 들어야 할 이야기를 하는 학자나 작가가 있나요?

하우어워스 종교학과 동료인 조 윈터스Joe Winters가 인종에 관한 매우 좋은 책을 썼습니다.* 인종차별이라는 현실과 이에 대한 경직된 '해결책' 사이에서 발생하는 미국 사회의 우울에 대해 이야기하고 있지요. 애통함의 어조를 담아 논의를 이끌어 가는데 정말 좋은 책 같습니다. 언젠가 존 쿳시John Coetzee는 미국에서 일어나는 인종차별을 해결할 수 있는 방안은 없다고 이야기한 적이 있습니다. 더는 나아갈 길이 없다고 생각하는 흑인들이 인종 허무주의를 이야기하기도 하지요. 진지하게 생각해 보아야 하지만, 그런 말이 우리가 할 수 있는 마지막 말이 아니기를 바랍니다. 그리고 제 학생이었던 조너선 트랜Jonathan Tran이 아시아 사람들이 겪는 인종차별에 관한 책을 쓰고 있습니다.** 아프리카계 미국인들이 겪는 인종차별의 관점에서 아시아계 미국인들이 겪는 차별을 바라보는 것은 잘못임을 이야기하고 있지요.

랜더크 웰스 신부님이 추천하는 책은 없나요?

---

* Joseph R. Winters, *Hope Draped in Black: Race, Melancholy, and the Agony of Progress* (Durham, NC: Duke University Press Books, 2016)

** 다음의 책으로 출간되었다. Jonathan Tran, *Asian Americans and the Spirit of Racial Capitalism* (New York, NY: Oxford University Press, 2021)

웰스 목사님이 저한테 타네히시 코츠Ta-Nehisi Coates*를 추천해 주셨죠?

랜더크 네, 신부님께 『세상과 나 사이』Between the World and Me를 소개한 적이 있지요.

웰스 네, 덕분에 그 책을 읽어보았는데 교수님이 말씀하신 '인종 허무주의'를 이야기하는 책일 것 같습니다. 섣불리 말하기는 어렵지만, 노예제 이후 미국 사회의 모습, 즉 흑인에 대한 백인들의 인종차별은 여러모로 '미국적'인 현상 같아요. 저는 지난 7년 동안 런던에 살았기 때문에, 그 문제에 관해 많은 관심을 기울이지는 못했습니다. 심각한 문제가 아니라는 이야기가 아닙니다. 다만 저는 요즘 영국 제국주의가 영국과 세계에 미친 영향에 대해 더 관심을 기울이고 있어요. 제가 미국에 있을 때는 생각하지 않았던 부분이지요. 하지만 영국에서의 인종 역학은 미국과는 다른 것 같습니다.

---

* 타네히시 코츠(1975~)는 미국의 흑인 작가이자 저널리스트다. 하워드 대학교에서 저널리즘을 공부했으나 중퇴하고 「애틀랜틱」, 「빌리지 보이스」 등에 기고하다 「애틀랜틱」에서 기자로 활동하며 동시에 자신의 블로그에 꾸준히 글을 올렸다. 2015년 『세상과 나 사이』The Beautiful Struggle 을 출간해 커다란 반향을 일으켰으며 마블 코믹스의 만화 『블랙 팬서』 Black Panther의 작가로도 활동했다. 20세기 흑인 문학의 대표 주자인 제임스 볼드윈James Baldwin의 계보를 잇는 흑인 남성 작가로 평가받는다. 주요 저서로 『세상과 나 사이』(열린책들), 『워터 댄서』The Water Dancer(다산책방) 등이 있다.

랭더크　이런 질문을 드리는 것이 최선인지는 모르겠지만, 미국에서 살아가는 백인 그리스도교인으로서 국가주의와 백인 우월주의가 만연한 가운데 저는 어떤 물음을 던져야 하는 것일까요? 그리고 이러한 상황에서 그리스도의 제자는 어떠한 모습을 지니고 있을까요?

하우어워스　랭더크 목사님은 드포 대학교와 그린캐슬에서 사람들이 더 좋은 삶을 살 수 있도록 노력을 기울이고 계시지 않습니까. 그 지역에 사는 모든 사람이 더 좋은 삶을 위해 애쓴다는 것은 그동안 배제되었던 다양한 사람에게 자신을 연다는 것을 의미하지요. 우리가 할 수 있는 일은 그런 것 같습니다. 목사님은 '미국의 문제'를 해결하려고 노력하는 것이 아닙니다. 그보다는 그린캐슬시에 사는 사람들이 더 좋은 삶을 살 수 있도록 노력하지요. 저는 이게 패배주의라고 생각하지 않습니다. 오히려 우리가 할 수 있는 것이 아무것도 없다는 생각을 피할 수 있도록 도움을 주지요. 우리는 무언가를 할 수 있습니다. IAF가 그런 취지 아래 설립된 것으로 기억하는데요.* 아주 좋은 사례라고 생각합니다. 루크 브레더턴Luke Bretherton도 『그리스도와 공동의 삶』Christ

---

* IAF는 '산업지역재단'Industrial Areas Foundation의 약자로 1940년 운동가 솔 앨린스키Saul Alinsky, 사업가인 마셜 필드 3세Marshall Field III, 로마 가톨릭 주교 버나드 제임스 쉴Bernard James Sheil이 함께 세운 조직이다. 지역 종교단체, 시민단체들과 협력하여 지역사회를 돕는 다양한 인력을 양성하고 있다.

and the Common Life에서 대안을 제시하려 하고 있지요.* 다소 추상적이지만 읽어볼 가치가 충분한 책입니다.

웰스 저는 여기서도 이야기가 중요한 부분을 차지한다고 생각합니다. 최근 인구가 많은 지역에는 공통된 이야기가 있는 것 같습니다. 영국의 브렉시트 운동과 미국의 트럼프 현상을 생각해 볼까요. 자신들이 무언가를 빼앗겼다는 것에 대한 분노, 자신들이 정당히 누려왔던 무언가를 보이지 않는 힘이 빼앗아 갔다는 이야기 말이지요. 그리고 이는 '우리'가 아닌 '그들', '우리가 아닌 다른 사람들'이 이 사회를 지배하고 있다는 생각으로 이어집니다. 저는 이게 오늘날 사회의 가장 해로운 병이라고 생각합니다. 미국과 영국에 있는 후기 산업화 지역 사람들에게서 발견되는 이야기도 이와 비슷한 것 같습니다. '우리가 아닌 다른 사람들'이라는 생각, 그리고 이와 관련된 이야기가 엄청난 힘을 얻게 되었어요. 이 이야기를 뒤흔들기란, 혹은 이 이야기에서 달리 생각할 수 있는 요소를 찾아내 바꾸어 내기란 매우 어렵습니다. 완고하기 때문이지요.

하우어워스 몇 년 전, 영국에 있었을 때 일입니다. 베이스워터에서 켄싱턴가든으로 이어지는 거리에 있었더랬어요. 아니, 옥스

---

* Luke Bretherton, *Christ and the Common Life: Political Theology and the Case for Democracy* (Grand Rapids: Wm. B. Eerdmans Publishing, 2019)

퍼드였던가? 아무튼, 거리에 있었는데 한 젊은 여성이 다가왔어요. 키가 한 158cm 정도 되고 끈 가방을 들고 있었지요. 제 억양을 듣고서는 말하더군요. "흑인들이 들어오기 전만 해도 여기는 런던에서 손꼽히는 동네였어요." 젊은 여성이 이렇게 아무렇지 않게 인종차별적인 발언을 해 무척 놀랐습니다. 영국인들도 인종차별에서 자유롭지 않다는 생각을 하게 되었지요.

웰스 이런, 그런 일이 있었군요. 한 이야기를 바꾸기 위해서는, 그 이야기가 어디서 왔고 어디로 가고 있는지를 다루어야 합니다. 교회가 때때로 과거를 그리워할 때도 그렇지요. 어떤 그리스도교인들은 50년대를 그리워합니다. 하지만 그 시절은 인종차별과 성차별이 공공연하게 이루어졌던 시대였습니다. 그렇다면 그 그리움, 그리고 그 그리움에 내포된 이야기는 어디서 왔을까요? 또 어디로 가고 있을까요? 이런저런 '다름'과 만날 때 그 자리에는 역동성이 있고 기운이 있으며 불꽃이 튑니다. 우리는 그러한 형태로만 '다름'을 볼 수 있습니다. 산업화 시대 이후 일어난 변화가 이 나라의 중요한 부분들을 망각한 채 이루어졌다는 점에는 의심의 여지가 없지요. 하지만 그 책임이 누구에게 있는지는 명확하지 않습니다. 그 과정에서 부상한 이야기가 이를 덮어버렸지요.

문제는 경제가 아닌, 정체성에 있습니다. 제 생각에 영국 정치인들이 저지른 실수는 사람들이 어느 정도 경제적으로 부유하다면 어느 정도 만족할 것이라고 가정한 것입니다. 하지만 좀 더 근본적인 것들이 있습니다. 최근 선거에서, 특히 브렉시트 국민 투표에서 더 많은 사람이 자신들의 경제적 이익에 반하는 투표를 했습니다. 자신의 경제적 이익에 대해 전혀 모르는 바보 같고 어리석은 이들이어서가 아닙니다. 그보다 좀 더 근본적인 무언가가 있다는 것을 인지한 것이죠. 그건 좋은 일이라고 생각합니다. 하지만 그 근본적인 무언가가 무엇이냐에 대해서 저는 대다수 사람의 견해에 동의하지 않습니다. 하지만 제 견해와 무관하게 교회는 사람들이 편안히 정체성에 관한 대화를 나눌 수 있는 곳이어야 한다고 생각해요. 그리스도교에서는 정체성을 매우 중시하기 때문이지요. 그리고 이와 관련해 그리스도교인들이 삼위일체 하느님을 믿는다는 것은 커다란 의미를 지닙니다. 이는 궁극적인 진리가 통일성과 다원성의 조화임을 믿는 것이지요. 이러한 맥락에서 동질성homogeneity은 그리워해야 할 것도 아니고 앞으로 고대해야 할 것도 아닙니다.

하우어워스 성 마틴 교회는 어떤가? 백인이 아닌 신자들이 어느 정도 비율을 차지하지?

웰스 영국 교회 중에서도 다양성이 두드러지게 나타나는 교회라 할 수 있지요. 하지만 섬기는 이들이 이 다양성을 충분히 고려하고, 대표하는지는 고민해 보아야 할 문제입니다.

하우어워스 인종 문제, 이민자 문제와 관련해 꽤 보수적으로 보일 수 있는, 고전적인 그리스도교의 확신이 매우 급진적인 실천을 낳을 수 있습니다. 실제로 그러기도 했고요. 공교회를 진실로 믿는다면, 교회가 진실로 보편적이라고 생각한다면 국경이라는 개념은 말이 되지 않습니다. 이민 문제는 그리스도교인들이 이 세상에서 자신들의 자리에 대한 이해와 연관되어 있다는 점에서 매우 중요합니다. 저는 미국인이라 할지라도 그리스도교인입니다. 그리스도교인으로서 우리는 국경을 넘어서는 존재입니다. 우리는 보편적이며, 그러므로 이민자를 두려워하는 이들을 도와야 합니다.

랜더크 우리가 어떻게 도울 수 있을까요? 이민자를 두려워하는 이들을 도울 수 있는 이야기는 무엇일까요? 이를 어떻게 빚어낼 수 있을까요?

하우어워스 이민자를 두려워하는 이들에게 우리는 그들이 그리스도교인이라는 점을 상기시켜 줘야 합니다. 그리스도교인들의 본향은 이 세상에 있지 않습니다. 그렇기에 언제나 움직이지요. 교회의 역사를 보면 그러한 움직임이 활성화될 때 가장 효과적인 전도가 이루어졌습니다.

웰스 교수님은 다음과 같은 명료한 말로 어떤 식으로든 그리스도교인이라는 정체성보다 '미국인'이라는 국가의 정체성을 우선시하는 미국 그리스도교 윤리학계에 이의를 제기했지요.

20세기 미국 그리스도교 윤리의 주제는 언제나 미국이었다.*

이런 문제 제기는 미국에서 반발을 낳을 수밖에 없습니다. 듀크 대학교 교목으로 있던 첫 번째 학기에 한 조교와 노스캐롤라이나 동쪽으로 여행을 갔다 온 적이 있어요. 한 교회에서 설교를 했는데 그곳 예배당에는 미국 국기가 걸려 있더군요. 설교를 하고 공동체 구성원들과 대화를 나눈 뒤 돌아오면서 이를 두고 조교와 이야기를 나누었습니다. 그가 말하더군요. "웰스 신부님, 신부님은 아마 예배당에 있는 미국 국기를 보면서 미국 국가주의가 그리스도교를 표현한 것이라고 생각하실지도 모르겠네요. 하지만 실제로는 그리스도교가 미국 국가주의를 표현한 것입니다."

랜더크 국가 이야기를 한 김에 교수님이 열광하시는 (미국의 국가 스포츠나 다름없는) 야구에 관해서도 이야기 좀 해주세요.

---

* 다음 글에 나오는 문장이다. Stanley Hauerwas, 'Christian Ethics in America', *The Journal of Religious Ethics* Vol. 25 (MA: Blackwell Publishing, 1997)

하우어워스 샘과도 야구 경기를 보러 가긴 했습니다. 하지만, 샘은 아마 평생 야구를 이해하지 못할 거예요. 아무 일도 일어나지 않는 느릿느릿한 게임이라고 생각하더군요. 제가 보기에는 크리켓이 더 그런데 말이에요. 샘은 크리켓이 뭔가 많은 일어나는 일이 일어나는 게임이라고 하더라고요. 요즘 제가 샘에게 가르쳐주고 싶은 게임은 텍사스 42 도미노라는 게임이에요. 브리지 도미노 같은 게임이죠. 해보신 적 있으세요?

랜더크 아니요, 없습니다.

하우어워스 두 명씩 4개의 팀을 이룹니다. 그리고 각 플레이어는 7개의 도미노를 가져와요. 파트너와 함께 트럼프를 선택합니다. 그리고 5개의 트릭을 모두 가져오는 게임이에요. 점수를 내는 도미노인 셈이지요. 이게 텍사스 게임인 이유가, 플레전트마운드 광장 주변에 도미노 게임을 하는 사람들이 있었어요. 텍사스 사람들은 도미노는 할 수 있었는데, 카드는 할 수 없었습니다. 남침례교인들이 카드놀이는 죄라고 여겼으니까요. 예전에는 게임하는 것까지도 종교적 확신과 관련이 있었습니다. 아무튼 샘에게 텍사스 42를 가르쳐주고 싶습니다. 경쟁심이 강하니까 좋아할 것 같아서요.

웰스 제 친구들도 제가 경쟁심이 강하다고 하는데, 저는 동의하지 않습니다(웃음).

랜더크 그리스도교 공동체에도 경쟁을 할 수 있는 공간이 있을까요?

하우어워스 물론이지요. 저는 60살 때까지 교회에서 소프트볼 경기를 했습니다. 늘 우리 교회가 이겼으면 했지만 언제나 졌지요. 성 토머스 모어 교회 신자들이 우리 교회 신자들보다 더 잘했습니다. 아프리카 감리교 감독교회African Methodist Episcopal Church도 매우 진지하게 경기에 임했습니다. 이기고 지는 것을 최후의 심판처럼 받아들이지만 않는다면 경쟁은 즐길 수 있습니다. 학계에도 경쟁은 있습니다. 그리고 그게 꼭 나쁘지만은 않다고 봅니다. '누구처럼 탁월한 학자가 되겠다'는 갈망들이 모이면 경쟁은 자연스럽게 일어나지요. 경쟁은 학문의 창의적인 발전에 기여할 수 있다고 봅니다. 그리고 샘, 아까는 농담이었어. 자네는 그리 경쟁심이 강하지 않네.

웰스 교수님이 실제로 말씀하신 적은 없지만, 교수님이 진보라는 프로젝트에 대해 설명한다면 "공정의 조건을 확립하는 과정입니다. 이를 위해서 우리는 좀 더 불편해질 수도 있고, 좀 더 많이 적응하기 위해 노력해야 할 수도 있습니다. 하지만 그리스도교인은 이를 두고 협상하지 않습니다"라고 말씀하실 것 같네요.

하우어워스 그런 말을 할 가능성이 있지.

웰스 상상이 가요. 놀면서 하는 경쟁은 어떤 점에서는 그렇지 않은 경쟁을 위한 훈련과 같습니다. 그래서 학교에서는 경쟁을 유발하고 이와 관련된 덕목을 가르치지요. 본래 경쟁의 밑바탕에는 협력이 자리하고 있습니다. 그러니 모든 사람의 재능을 발견하고, 활용할 수 있도록 도와야지요. 공장도 자문 회사도, 수많은 환경에서도 경쟁은 협력과 함께합니다. 성직자로서 저는 경쟁의 결과에 대처하는 법에 관심이 있습니다. 미스 월드 대회 수상에 실패해 수상자에게 "당신은 나만큼 예쁘지 않군요"라는 말을 듣든, 어떠하든 우리는 모두 언젠가 경쟁에서 지고, 실패합니다. 그렇기에 실패한 자신, 패배한 자신을 받아들이는 법을 익혀야 하지요. 주류 스포츠 경기에서 은퇴를 가장 어려워하는 사람은 늘 승리했던 사람들입니다. 인생의 남은 시간 동안에는 그런 승리를 더는 맛보지 못하고 살아야 한다는 사실을 마주해야 하기 때문이지요.

하우어워스 매우 현실적인 문제입니다. 은퇴를 앞두면 이를 매우 심각하게 고민하게 되지요. 은퇴하는 사람은 그동안 갖고 있던 권력을 잃습니다. 그리고 더는 사람들의 주목을 받지 않게 되지요. 그럴 때, 우리는 자신이 경쟁 대열의 선두에 있지 않다는 것이 무엇을 의미하는지를 곱씹어 보아야 합니다. 사실 제가 그런 과정을 거쳤는지는 모르겠습니다. 하지만 그런 과정이 있다는 것은 분명합니다. 힘을 잃는 시기가 있다는 것이지요. 제가 쓴 글들을 아무도 읽지 않는, 읽어 볼 필요를 못 느끼는 시기가 올 것입니다. 그에 따르는 상실감이 있고 슬퍼할 수도 있겠지요. 하지만 결국 한때 힘을 가졌으나 더는 갖지 않게 되는 것에 대해, 현재의 자신이 예전의 자신이 아니라는 것을 받아들이고 익히는 것은 좋은 일입니다.

랜더크 교수님은 건전한 경쟁이 있을 수 있다고 말씀하셨습니다. 특히 학계에는 '누구처럼 탁월한 학자가 되겠다'는 갈망이 있다고요. 교수님이 좇고 싶은 '탁월한 학자'는 누가 있나요?

하우어워스 폴 램지Paul Ramsey[*], 제임스 구스타프슨James Gustafson[**]를

---

[*] 로버트 폴 램지(1913~1988)는 미국의 감리교 신학자이자 그리스도교 윤리학자다. 밀샙 대학과 예일 대학교를 거쳐 예일 대학교 신학대학원에서 박사학위를 받았다. 이후 밀샙 대학, 노스웨스턴 대학교를 거쳐 1944년부터 거의 40년 동안 프린스턴 대학교에서 교수로 활동했다. 상황 윤리에 반대했으며 의료 윤리, 전쟁 등에 관한 신학적 논의에 기여한 학자로 평가받는다. 조너선 에드워즈Jonathan Edwards 전집의 편집자로도 널리 알려져 있다. 주요 저서로 『그리스도교 윤리 기초』Basic Christian Ethics, 『정당한 전쟁』The Just War, 『선을 이루기 위해 악을 행하기』Doing evil to achieve good 등이 있다.

[**] 제임스 구스타프슨(1925~2021)은 미국의 그리스도교 윤리학자이자 개신교 목사다. 노스웨스턴 대학교와 시카고 신학교, 시카고 대학교를 거쳐 예일 대학교에서 박사학위를 받았다. 이후 미국 연합 그리스도교회 목사로 활동하다 1972년부터 다시 학계로 복귀해 시카고 대학교 신학대학원을 거쳐 1988년부터 1998년까지 에모리 대학교 교수로 활동했다. 신학 및 응용 윤리 분야에 관한 다양한 저술을 남겼다. 주요

꼽을 수 있을 것 같습니다. 제프리 스타우트Jeff Stout*처럼 모든 일에 관심과 열의를 보이는 학자가 되고 싶기도 하고요. 그가 제 글을 비판해준 덕분에 저는 새롭게 생각을 할 수 있습니다. 그리고 저와 경쟁하고 있는지는 모르겠지만, 제 글을 읽었으면 하는 친구들이 있습니다. 이를테면 캐나다 맥매스터 대학교에 있는 트래비스 크로커Travis Kroeker 같은 학자 말이지요.

웰스 매킨타이어 교수님은 언급하시지 않으십니까?

하우어워스 이런, 그분을 빼먹었네. 매킨타이어 교수님께 받은 편지가 하나 있습니다. 제가 아주 소중히 여기는 편지지요. 편지에서 그분은 제 헌정 논문집에 저자로 참여하거나 은퇴식에 참여할 수는 없지만 제가 쓴 글이 얼마나 큰 의미를 지니는지 이야기하고 싶으셨다고 말씀하셨어요. 그리고 이렇게도 말씀하셨지요. "당신은 정말 훌륭한 일을 해냈습니다. 그리스도교인이 되는 것을 어려운 일로 만들었으니까요. 많은 신학자는 그렇게 하지 않습니다. 또한, 당신은 비그리스도교인이 되는 것도 그만큼 어려

저서로 『그리스도와 도덕적 삶』Christ and the Moral Life, 『개신교 윤리와 로마 가톨릭 윤리』Protestant and Roman Catholic Ethics 등이 있다.
* 제프리 스타우트(1950~)는 미국의 종교학자이자 철학자다. 브라운 대학교에서 공부한 뒤 프린스턴 대학교에서 박사 학위를 받았다. 이후 1975년부터 2018년까지 프린스턴 대학교의 종교학과 교수로 활동했다. 종교, 정치, 영화에 관한 다양한 저술을 펴냈다. 주요 저서로 『바벨 이후의 윤리』Ethics after Babel, 『민주주의와 전통』Democracy and Tradition 등이 있다.

운 일로 만들었습니다. 그리스도교인이 빚어내는 차이가 무엇인지를 보여줌으로써 그리스도교인이 아닌 이들에게 그리스도교인이 되지 말아야 하는 이유를 입증해야 할 책임을 안겨다 주었지요." 이를 보고 '내가 대학교를 졸업한 이유는 이런 편지를 받기 위해서였어'라는 생각이 들었습니다.

랭더크 신부님, 신부님은요?

웰스 음, 제게 정말 중요한 사람은 채드 불턴 신부Father Chad Boulton입니다. 개인적으로는 벤Ben이라고 불러요. 현재 요크셔에 있는 앰플소스 수도원의 수도사로 있는데, 제 결혼식 때는 신랑 들러리가 되어주기도 했습니다. 혹시 헤르만 헤세Hermann Hesse의 『나르치스와 골드문트』Narcissus and Goldmund를 보셨나요? 열여덟 살, 열아홉 살 때 저에게 정말 중요한 책이었습니다. 큰 도움을 주었는지는 모르겠지만 말이지요. 이 소설은 전혀 다른 방향으로 인생을 살아가는 두 인물을 그립니다. 어찌 보면 저와 벤 형의 이야기는 나르치스, 골드문트와 비슷합니다. 하지만 차이가 있다면 저는 벤 형보다 더 사색적인데 세상으로 나갔고, 벤 형은 저보다 활동적인데 수도원에 들어갔다는 점이지요.

하우어워스 여전히 연락하고 지내나?

웰스 물론이지요. 벤 형은 제 가장 친한 친구입니다. 몇 달 연락하지 않고 지낸다 해도 말이지요. 벤 형은 진정한 대학 절친이었어요. 물론 벤 형에 대한 제 인상은 제 생각이 많이 투영되어 있습니다. 그러니까, 형은 제가 생각하는 형의 모습이 진짜 자기라고 생각하지는 않아요. 이쨌든 벤 형은 교수님처럼 제가 존경하면서도 만나면 즐거운 사람입니다. 교수님을 알지 못했다면, 아마 저는 그를 따랐을 것 같아요. 물론 지금도 벤 형을 존경합니다. 만나면 즐겁기도 하고요.

교수님처럼 제가 좇는 탁월한 견해를 제시하는 사람들의 이름을 애써 언급하지는 않겠습니다. 다만 월터 브루그만Walter Brueggemann* 교수님이 제 책에 좋은 평을 해주셨을 때 기분이 무척 좋았습니다. 탁월한 학자이고 수많은 사람에게 통찰을 나누어 주셨으니까요. 그런 분이 제 책에 최상급의 표현을 쓰면서 칭찬을 해주실 거라는 예상은 미처 하지 못했습니다. 여전히 사람들이 너무 좋은 평을 해주면 잘 믿기지는 않습니다. 그래도 감사

---

* 월터 브루그만(1933~)은 미국의 구약학자이자 신학자다. 엘름허스트 대학과 에덴 신학교를 거쳐 뉴욕 유니온 신학교에서 신학 박사, 세인트루이스 대학교에서 철학 박사학위를 받았다. 에덴 신학교를 거쳐 1986년부터 은퇴할 때까지 컬럼비아 신학교에서 구약학 교수로 활동했으며 현재 컬럼비아 신학교 명예 교수로 있다. 20세기 중반 이후 영미권에서 가장 영향력 있는 구약학자로 평가받는다. 주요 저서로 『예언자적 상상력』The Prophetic Imagination(복 있는 사람), 『다시 춤추기 시작할 때까지』Virus as a Summons to Faith(IVP), 『마침내 시인이 온다』Finally Comes the Poet(성서유니온), 『예언자의 기도』Awed To Heaven, Rooted In Earth(비아), 『구약개론』An Introduction to the Old Testament(CLC) 등이 있다.

하지요. 예전에 제 상급자였던 분이 제 저술에 대해 좋은 평을 해주신 것도 기억이 납니다. 제가 존경하는 분이기 때문에 그분의 칭찬이 큰 힘이 되었어요.

하우어워스 누구지?

웰스 노리치 주교였던 그레이엄 제임스Graham James 주교님이요. 『겸손히 걷기』Walk Humbly에 대해 좋은 서평을 써주셨어요.* 그런 분들이 제가 교회에 뭔가 기여할 것이 있다고 이야기 해주면 참 기분이 좋습니다.

하우어워스 아까 랭데크 목사가 던진 질문은 사실 좀 답하기 부끄러운 일이기는 합니다. 학자가 하는 작업은 무너지기 쉽고 자신이 무엇을 하고 있는지 정확히 알고 있다고 장담할 수 없기 때문이지요. 하지만 그래서 더더욱 존경하는 사람의 지지와 격려는 소중합니다.

웰스 그래서 저는 아까 목사님의 질문을 '내가 한 일에 대한 자신감을 가질 수 있도록 격려해주고 지지해 준 사람이 누구인가?'로 받아들였습니다. 그런 분들은 대체로 제가 어떻냐고 묻지 않아

---

* Samuel Wells, *Walk Humbly: Encouragements for Living, Working, and Being* (Grand Rapids: Wm. B. Eerdmans Publishing, 2019)

도 제가 자신감을 잃지 않도록 격려해주고 응원해주십니다. 교수님도 그런 분이세요. 저는 교수님처럼 지적인 동료들은 그리 많지 않습니다. 하지만 감사하게도 제가 저의 소명을 따라 충실히 걷고 있는지를 분별해 줄 수 있는 분들은 있지요.

하우어워스 우리의 생각과 실제 삶의 관계라는 문제가 있고 우리의 생각이 미덕에 부합하느냐는 문제가 있습니다. 미덕은 우리가 모두 옳다고 생각하지만 이를 실제 삶에서 이루는 것은 매우 복잡한 일입니다. 우리가 생각하는 것들이 우리 삶보다 더 중요할 때가 있어요.

웰스 이런 종류의 질문에 간단한 답은 없을 것 같습니다. 앞에서 이야기했던, 열아홉 살 때 저에게 영향을 미친 그 사람이 생각나네요. 그는 제가 성직자가 되려고 결심하자 저를 축복했습니다. 하지만 동시에 그는 많은 사람을 실망시켰지요. 여전히 제 친한 친구들은 그에 대해 저와는 생각을 달리합니다. 이와 관련해 저는 앞에서도 언급했듯 도나투스주의와 아우구스티누스를 떠올립니다. 아우구스티누스는 "사목의 효과는 사목자가 흠이 있다고 해서 저해되지 않는다"고 말했지요. 저는 이 말을 항상 마음에 담아두고 있어요. 용서와 화해는 분명 복음의 핵심입니다. 하지만 그렇다고 해서 용서와 화해가 쉽게 이루어지는 것은 아니지요. 때로는 용서와 화해를 지연하고, 만류하고, 연기해야 하는 상황이 있습니다. 어떨 때는 거의 무한히 지연해야 할 때도 있지요. 화해와 용서는 상호 호혜적인 과정이 아니기 때문입니다.

하우어워스 언젠가 저는 제가 사랑하는 사람과 저에게 커다란 잘못을 저지른 이와 화해를 거부한 적이 있습니다. 어떤 사람이 왜 그와 화해하기를 거부했는지 묻더군요. 저는 답했습니다. "저는 이 사람이 제게 던지는 도전을 끌어안을 만한 마음의 상태가 아닙니다. 천국에서라면 화해할지도 모르겠네요. 하지만 지금 저에게는 어떻게 화해가 이루어질 수 있을지 그 길이 보이지 않습니다." 그것이 올바른 태도인지는 모르겠습니다. 하지만 저는 그런 길, 제게 다가오는 도전을 끌어안을 만한 마음의 상태가 아님을 인정하는 길을 택했지요. 이건 매우 심각한 문제입니다. 그 순간, 어떻게 예의를 차려서 달리 말할 수도 있을 겁니다. 하지만 화해란 어떤 강압의 분위기에서 이루어질 수 있는 게 아니지요.

웰스 교수님 이야기를 들으니 한 유명한 이야기가 생각나네요. 딱 들어맞는 이야기는 아니지만 말이지요. 다양한 종교에서 다양한 형태로 전해지는데, 제가 아는 이야기는 이렇습니다. 두 명의 수도사가 숲을 걷고 있다가 개울에 다다랐는데 거기에서 아름답고 젊은 여인을 보았습니다. 그녀는 그들에게 자신을 들어서 개울 반대편으로 데려다 달라고 부탁했지요. 두 수도사 중 한

명이 그녀를 반대편에 내려다 주고, 두 사람은 다시 숲속을 걸어 갔습니다. 걸어가는 와중에 여인을 들어주지 않은 수도사가 여인을 들어준 수도사에게 말했습니다. "자네는 끔찍한 일을 저질렀네. 우리는 욕망을 절제해야 한다고 배우지 않았나." 그러자 여인을 들어줬던 수도사가 답했습니다. "나는 그녀를 개울가에 내려주었네. 그런데 자네는 아직도 그녀를 들고 있는 것 같군."

우리가 누군가에게 상처를 입었을 경우, 대부분 경우 우리는 완전히 결백하지는 않습니다. 그 사람은 나름의 이유로 우리 삶에 해를 입히려 했을 확률이 높지요. 그러한 상황에서 용서란, 특히 교수님이 이야기한 상황처럼 합리적인 대화가 불가능한 사람과 맞닥뜨렸을 때, 혹은 교수님처럼 본인의 마음 상태가 도저히 화해할 수 없을 때 용서란 양자택일의 문제가 아닙니다. 언젠가 넬슨 만델라Nelson Mandela는 말했습니다.

감옥 밖으로 나가며 나는 생각했다. 자유의 길로 걸어가는 동안, 그간의 쓰라림과 증오를 버리고 가지 않는다면 나는 여전히 감옥에 있는 것이라고 말이다.

누군가 제게 상처를 입혔을 때, 화해할 수 없을 것 같을 때 저는 두 수도사 이야기와 만델라의 말을 떠올리곤 합니다. 무언가를 놓아줄 수 있는 능력, 그리고 자신이 입은 상처에 대해 스스로 확정하지 않는 능력은 그 자체로 용서는 아니지만, 용서의 큰 부분을 차지한다고 생각해요.

하우어워스 맞습니다.

웰스 우리는 여인을 개울가에 내려놓고 몇 년, 몇십 년이 지날 때까지 하느님께서 은총을 베푸셔서 그 여인을 들고 다닐 일이 없기를 기도해야 합니다. 여인을 계속 들고 다닌다면, 그것은 여인에게 권력을 주는 것이기 때문이지요. 그렇게 되면 속된 말로 가해자가 이긴 겁니다.

하우어워스 맞습니다.

웰스 사람과의 관계 문제에서 어떠한 진전도 불가능한 상황에 이르게 되면, 이를테면 상대가 이미 세상을 떠나 어떠한 조치도 취할 수 없든가, 돌이킬 수 없을 정도로 심각한 문제라든가, 부적절한 반응을 낳고 상처만 더 심해진다면 우리는 이에 관해 내려놓을 수 있어야 합니다. 모든 사람이 공정하게 대우받는다는 식의 정의는 이루어질 수 없어요. 저는 종종 이야기합니다. 모든 사람은 다른 이들을 향해서는 정의가 실현되기를 바라지만, 자기를 향해서는 정의가 실현되기를 바라지 않는다고, 자기를 향해서는 자비를 베풀어주기를 바란다고 말이지요.

하우어워스 사람들은 종종 하느님에게 적을 응징해 달라고 간구하는, 정의를 요구하는 시편의 노래를 부를 수 없다고 이야기합니다. 전 그럴 때마다 말하지요. "그건 당신이 이겼기 때문입니다." 정의가 실현되는 모습을 보지 못한 사람, 한 번도 정당한 대우를 받지 못해 하느님께서 그렇게 해주셨으면 좋겠다고 생각하는 가난한 사람이라고 생각해 봅시다. 그 노래들이 달리 보일 겁니다. 희생에 관해 이야기할 때 우리는 이를 염두에 두어야 합니다. 내가 희생의 자리에 있게 되면 '나'는 나 자신의 정체성을 희생자로 규정하고 싶어 합니다. 하지만 그렇게 되면 압제자가 승리를 거두게 되지요. 압제자에 관한 이야기를 하지 않고서는 '나'의 이야기를 할 수 없기 때문입니다. 이와 관련해 그리스도교가 인류에 남긴 커다란 공헌 중 하나는 압제자들이 승리를 거두지 못하도록 이야기를 들려주는 법을 만들었다는 것입니다. 이는 그리스도교가 어떠한 형태로든 압제에 저항한다는 것을 의미합니다. 설령 압제자들과 억압자들이 그 저항을 감지하지 못한다고 할지라도 말이지요. 이는 매우 복잡한 문제여서 우리가 따라 할 수 있는 사람들을 본으로 삼아 익혀야 합니다. 라르쉬 운동L'Arche movement을 생각해 보세요. 그 운동의 주요 구성원들은 자신을 억압하는 것(그들의 다름)이 자신들을 결정하는 것을 거부합니다. 우리는 이를 배워야 하지요. 이것이 우리가 상상하기 힘든 형태의 정의이며 이를 추구하는 것이야말로 그리스도교인의 핵심이라고 생각합니다.

웰스 언젠가 공적인 자리에서 교수님 옆에 앉아 있던 적이 있습니다. 그런데 사람들이 교수님에게 이렇게 말하더군요. "당신은 정신 질환에 대해 아무것도 몰라요." 교수님은 조울증을 앓은 배우자와 거의 25년을 함께 살았는데 말이지요. 또 누군가는 교수님에게 말했습니다. "당신은 여성을 전혀 존중하지 않습니다." 하지만 저는 교수님처럼 남성이든 여성이든 학생들과 적절한 선을 지키면서도 소중한 관계를 맺고 있는 분을 보지 못했습니다. 그런 말을 들으면 저는 이런 생각이 듭니다. '도대체 이 사람들은 어디서 이런 말도 안 되는 소문을 듣고 오는 거지?'

정신 질환에 대해 아무것도 모른다는 이야기를 들었을 때 교수님은 "당신은 제 개인사에 대해 잘 모르지 않습니까"라고 답할 수도 있었습니다. 그렇게 정당하게 그 사람을 짓밟을 수 있었지요. 하지만 교수님은 그렇게 답하지 않으셨어요. 대신 이렇게 답하셨죠. "당신은 교회에서 정신 질환이 있는 이들을 어떻게 대하는지 관심이 많으시군요. 누군가 교회에 도전하는 방식으로 자신의 선물을 내놓을 때 교회가 이를 선물로 인지하기까지는 꽤나 오래 걸리는 법입니다." 정말 대단하다고 생각했어요. 누군가가 저에게 싸움을 건다면 저는 그와 대화하려 애쓰지 않습니다. 진짜 대화가 이루어질 수 없다고 보기 때문이지요. 그런 사람과 설령 대화를 나누더라도 그 동력은 '나는 맞고 당신은 틀리다'라는 생각일 확률이 높습니다.

랭더크 바바라 브라운 테일러Barbara Brown Taylor 신부님*께도 여쭈어본 적이 있고 이제는 다른 분들께도 여쭈어보고 싶은 질문입니다. 당신의 삶에 활력을 불어넣는 것은 무엇인가요?

하우어워스 친구들이지요.

웰스 저도 마찬가지입니다.

하우어워스 지금 제가 어디에 있는지 알고 있는 친구들, 그리고 그곳으로 올 수 있을 만큼 저를 알 아는 친구들 말이지요. 매우 중요합니다.

웰스 다른 때였다면, 아마도 지난 30년 동안 그 질문을 받았다면 이야기라고 했을 것 같네요. 이때 이야기란 서사가 있는 대화뿐만이 아닙니다. 우리 대부분은 '나'의 작은 이야기는 나와 함께 활동하는 사람들의 이야기와 같은 지평에 있다고 생각하지요.

---

*   바바라 브라운 테일러(1951~)는 성공회 사제이자 신학자, 문필가다. 에모리 대학교에서 종교학을 공부하고 예일 대학교 신학대학원에서 석사 학위를 받았다. 1984년 사제 서품을 받은 뒤 은총-갈보리 교회에서 사목 활동을 하며 다양한 글을 썼다. 현재 피드몬트 대학에서 종교학을 가르치고 있다. 현대 영미 그리스도교계를 대표하는 여성 설교자이자 탁월한 문필가로 평가받는다. 주요 저서로 『잃어버린 언어를 찾아서』(비아), 『세상의 모든 기도』An Altar in the World(함께읽는책), 『어둠 속을 걷는 법』Learning to Walk in the Dark(포이에마) 등이 있다.

저를 예로 들면 교수님과 목사님과 같은 분들이 저와 같은 지평에 있다고 생각합니다(맥락이 다를 뿐, 우리가 하는 활동은 결국 같다고 생각해요). 이것이 '나'를 이루는 수평적 이야기라면, 수직적 이야기도 있습니다. 내가 어디서 왔으며, 어디로 가고 있는지를 다루는, 이 모든 것이 합쳐지는 곳에 관한 이야기 말이지요.

이 수직적 이야기가 보이지 않을 때, 우리에게는 우리 곁에서 그 이야기를 설득력 있게 다시 서술해줄 수 있는 친구가 있어야 합니다. 인생은 우리의 바람이나 기대하는 바대로 이루어지지 않습니다. 그때 '나'는 내 이야기를 다시 조율할 수 있어야 합니다. 우리는 이야기 없이 살 수 없습니다. 제 인생이 의미와 목적, 방향이 있다고 생각하기에 저에게는 제가 누구인지를 알고 무엇이 덜 중요하고 일시적이며 무엇이 영구적인 것인지를 아는 친구들이 필요합니다. 그런 친구들이 없다면 어떻게 살아갈 수 있을지 모르겠네요.

하우어워스 최근 한 친구는 제가 너무 많은 사람을 친구로 둔다고 하더군요. 그 말이 맞을 겁니다. 하지만 저는 다르게 사는 법을 모르겠어요. 하지만 모든 친구에게 충분한 관심을 기울이고 있지는 못합니다. 어떤 친구들과 시간을 보내면 어떤 친구들과는 그렇지 못하지요. 하지만 친구 관계는 완전히 순수한 것은 아닙니다. 제가 친구가 많다는 걸 인정합니다만, 그보다 더 많은 사람이 제가 그들의 친구라고 주장하더군요. 언젠가는 그들도 제 진짜 친구가 될지 모르지요. 하지만 당장은 아닌데, 그런 경우에는 어떻게 해야 할지 잘 모르겠습니다.

아홉 번째 대화

새로운 상황, 결혼에 관하여

하우어워스 느슨해진 교단 정체성에 관한 이야기를 좀 해보고 싶군요.

랜더크 교수님의 견해가 궁금합니다.

하우어워스 오늘날 교회 현실의 특징이라고 생각합니다. 제가 보기에 교단주의는 끝났어요. 완전 성화 교리를 철저하게 믿기 때문에 자신이 감리교인이라고 하는 사람은 없습니다. 자유의지 침례교인Free Will Baptist은 도대체 무엇을 믿는 겁니까? 자유의지에 대한 견해가 그리스도교인이라는 정체성보다도 더 중요한가요? 주류 개신교에서 교단주의는 더는 힘을 쓰지 못하는 것 같습니다. 현대 서방 교회가 크게 개신교회와 로마 가톨릭 교회로 나뉘어 있지만, 오늘날 개신교인이 된다는 것이 무엇인지를 아는 개신교인은 드뭅니다. 이제는 애매하기도 하고요. 로마 가톨릭 신자가 된다는 의미도 애매하기는 마찬가지입니다. 종교개혁 시기 '가톨릭'이라는 말은 '우리는 개신교인이 아니다'라는 의미로 쓰였으니까요. 이러한 상황에서 신학자는 곧 도래할 거대한 교회, 개신교 종교개혁의 정점에서 탄생할 교회를 위해 글을 써야 한다고 생각합니다.

개신교 종교개혁은 끝났습니다. 전체적으로 보았을 때 개신교는 승리를 거두었다고 저는 생각해요. 로마 가톨릭 교회는 루터Martin Luther가 그리던 그 '가톨릭 교회'의 모습을 하고 있습니다. '가톨릭'의 본래 의미는 잃어버리고 여러 교회 중 하나의 교회, 관료제의 이런저런 문제점을 지닌 교회가 되어버렸지요. 이러한 면에서 오늘날 그리스도교인은 현실에서 어떤 교단에 속해 있느냐와 상관없이 기본적으로 회중주의자congregationalist입니다. 그냥 자신이 속한 지역에서, 집 가까이에 있는 교회에 가지요. 하지만 저는 회중주의자가 되고 싶지 않아요. 교회의 보편성과 상호 연결성이 중요하다고 믿기 때문이지요. 그래서 저는 이러한 현실 가운데서 새롭게 태어날 교회를 위해 글을 씁니다. 참된 의미의 '가톨릭'이 되기 위해서요. 저는 교회 현실을 이렇게 이해합니다. 샘은 특정 전통을 지닌 교단에서 서품을 받은 사제이기 때문에 좀 더 고민할 게 많을 겁니다.

웰스 저는 교회를 세 가지 차원으로 이해합니다. 첫째, 교회는 하느님과 시간이 만나는 공간입니다. 즉, 참 하느님이자 참 인간, 성육신을 증언하는 곳, 이에 대한 살아있는 예시지요. 이 때문에 우리는 교회를 그리스도의 몸이라고 부릅니다. 성체와 예수가 그러하듯 말이지요. 두 번째, 교회는 공동체입니다. 이 공동체에서 고유한 단점과 결함을 지닌 인간들은 하늘에서 이루어진 뜻이 땅에서도 이루어지기를 기도하며 그 하늘을 여기서 살아내려 분투하고, 서로 용서하려 애씁니다. 마지막으로 교회는 하나의 기관이자 제도입니다. 그래서 총회, 주교 회의, 공의회, 세계 교회 협의회 등 온갖 회의가 열리고, 인원을 배치하고, 여러 사안을 두고 이야기를 나누고, 돈이 오가지요. 사람들은 의외로 교회의 첫 번째 차원에 대해 들어본 적이 없습니다. 설령 들었다 하더라도 당연시하기에 거의 이야기하지 않지요. 세 번째는 시대에 따라 유동적입니다. 흥미로운 점은 대부분의 다툼과 갈등은 세 번째와 관련해 일어난다는 것이에요. 개인적으로 저는 그 다툼과 갈등에 대해 큰 관심은 없습니다. 좀 더 솔직히 이야기하면, 저와 무관하다는 느낌이 들어요. 네빌 체임벌린Neville Chamberlain의 표현을 빌려 말하면, 제가 전혀 알지 못하는 먼 땅에서 일어나는 일 같습니다. 하지만 동시에 저는 잉글랜드 성공회에서 자랐습니다. 두 번째, 세 번째 차원을 강조하고 온 국민이 그러한 의미들을 아우르는 교회에 다니는 것을 축복으로 여기는 문화 속에서 자랐지요. 지역 교회는 두 번째에 가깝고 국교회로서 잉글랜드 성공회는 세 번째에 가깝지만 말입니다. 여러 이유로 인해 첫 번째는 잘 논의되지 않고 세 번째는 유동적이라 하더라도, 교회를 제대로 이해하기 위해서는 저 세 차원을 모두 고려해야 합니다. 그렇지 않으면 교회를 자기 멋대로 생각하거나 교회에 대한 개념이 궁핍하게 된다고 생각해요. 대다수는 두 번째 차원을 보며 교회에 갑니다. 첫 번째 차원을 믿지만 두 번째와 세 번째 차원에 참여하지 않는 이들도 있는 것 같습니다. 이것이 정확히 어떠한 의미인지는 모르겠어요. 언젠가 교수님은 "주차장과 식사 모임 없이는 교회는 존재할 수 없다"고 말씀하셨는데 이와 연관이 있다고 생각합니다.

하우어워스 교회를 이렇게 본다면 성소수자 문제에 대해서는 어떻게 생각할 수 있을까?

웰스 보수주의자들은 성소수자 문제를 (늘 그렇지는 않지만 어느 정도는) 신학적으로 다루고 자신들의 입장이 1세기 초기 교회와 같다고 생각하는 경향이 있는 것 같습니다. 진보주의자들은 자신들의 입장이 현대인들, 혹은 미래 세대와 입장이 같다고 여기곤 하지요. 제가 이야기한 것과 연결 지어 생각하면, 성소수자 문제는 교회의 세 번째 차원과 연관이 있는 것 같습니다. '어떻게 하면 교단은 하나로 단결할 수 있는가?'라는 질문과 관련이 있어 보여요. 교회의 두 번째 차원에서, 성소수자에 대해 자신의 생각을 바꾼 신자들도 있습니다. 성소수자 아들, 딸을 둔 부모가 대표적인 예지요. 성, 그리고 성과 관련된 여러 표현에 대한 자신의 기존 생각이나 믿음보다 딸과 아들에 대한 사랑이 더 중요하다고 생각하게 된 것입니다. 이 변화는 공동체 가운데서 일어나기 때문에 두 번째 차원에서 일어나는 변화라 할 수 있지요.

저는 성소수자 문제를 교회의 첫 번째 차원과 연결해 다룰 필요가 있다고 봅니다. 이 문제는 세 번째 차원의 문제, 즉 교회의 제도상 문제, 혹은 지역 교회의 정책 문제가 아닙니다. 쉽게 말하면, 싫으면 동네 다른 교회에 가면 되는 문제가 아니라는 것이지요. 잉글랜드 성공회의 지역 교회 관할사제로서 그런 접근은 임시방편밖에 되지 않습니다. 잉글랜드 성공회의 지역 교회 관할사제는 기본적으로 지역 주민 전체를 위한 커다란 텐트를 만드는 데 관심을 기울여야 하기 때문이지요. 어떤 면에서 이 문제는 쉽게 결정을 내릴 수도 있습니다. 사목자가 속한 공동체에 성소수자들이 있다면(잘 살피면 있을 겁니다. 모른다면 이는 그가 공동체 구성원들에 별다른 관심이 없다는 징표일 수도 있습니다), 그는 그 공동체를 섬기는 차원에서 그들을 포용해야 합니다. 성소수자이면서 동시에 그리스도교인이 되는 것은 불가능하다는 결론에 도달하지 않았다면 말이지요. 그런데 이런 판단은 역사적으로 군인에게도, 금융업자에게도 내린 적이 없습니다. 전통적인 가르침에 충실하다면 교회는 군인도, 금융업자도 받아들여서는 안 됩니다. 하지만 현실에서 금융업자는 교회에 가장 기부를 많이 하며, 군인은 봉사 활동을 가장 열심히 합니다. 그러면 누군가는 이 부분에 대해서는 의견이 불일치할 수 있다고 이야기할지도 모릅니다. 하지만 중요한 건 그렇다 할지라도 교회 공동체라는 커다란 텐트 안에 그 모두를 끌어안을 수 있다는 것입니다. 평화주의자든, 평화주의자가 아니든, 금융업자든 아니든 말이지요(하지만, 생각해보세요. 금융업자가 아니라 할지라도 금융을 이용하지 않는 사람이 오늘날 있습니까?). 과거에 교회는 분명히 전쟁에 참여하는 것을 반대했으며, 고리대금업을 포함한 금융업도 반대했습니다. 여전히 이를 문제시하지요. 하지만, 거기에 몸담은 이들을 교회에서 배제하지는 않습니다.

성직자는 정원사와 같습니다. 즉 자신의 눈앞에 있는 식물들로 정원을 잘 가꿔야지 일부를 뿌리째 뽑아내 버리려 해서는 안됩니다. 그러한 면에서 성직자의 일상은 대체로 교회의 두 번째 차원에서 이루어지지요. 하지만 성소수자와 관련된 진짜 문제는 창조 및 종말론, 즉 하느님의 본래 목적과 마지막 때에 일어날 일과 관련이 있습니다. 하느님께서 궁극적으로 우리 모두를 위한 자리를 찾아 주실 것이라고 믿는다면, 교회는 저 종말에 이루어질 공동체를 모방해야 합니다. 그렇기에 저는 교회 공동체에서 누군가를 배제하려는 것을 이해할 수 없습니다. 이를 어떻게 정당화할 수 있습니까? 심지어 (어떠한 방식의 소수자든) 그가 공동체에 줄 수 있는 선물이 무엇인지, 교회를 풍요롭게 할 수 있는지 헤아리지 못한 상태에서 말이지요. 한 사람 한 사람에게 주님께서 고유한 선물을 주셨다는 것을 고려하지 않은 채 그를 배제하는 것을 정당화하는 것이 가능합니까?

오늘날 교회는 교회의 세 번째 차원에서 이 문제를 해결하려 노력합니다. 하지만 그러한 차원에서 이루어지는 시도들은 이로운 만큼이나 해롭습니다. 성소수자 문제는 두 번째 차원에서 고민을 시작해 첫 번째 차원에서 신학적으로 다루어야 합니다.

하우어워스 제가 샘에게 질문을 한 이유는 성소수자와 관련된 대부분의 논쟁이 교회의 차원에서 이루어지지 않고 있다고 보기 때문입니다. 어떤 이들은 성소수자의 교회 참여와 결혼 문제를 교회에 대한 고민 없이 결정할 수 있다고 생각합니다. 하지만 저는 이 문제는 교회라는 맥락에서 다루어야 옳다고 생각합니다. 누군가 결혼을 이 세상에 새로운 생명이 피어나게 하겠다는 약속어음Promissory Note으로 이해한다면, 성소수자 문제가 그러한 이해에 어떤 영향을 미칠지 모르겠어요.

웰스 음, 전반적인 생각이 바뀌지 않을까요. 동성 결혼을 지지하는 이들은 성소수자들도 당연히 아이를 가질 수 있다고 주장합니다. 그리고 이는 맞습니다. 하지만 성소수자 문제는 특정 사회 조건을 상정한 문제일지도 모릅니다. 이를테면 콩고에서는 그런 담론이 별달리 활성화되지 않은 상태입니다. 오히려 그곳에서는 체외 수정이나 대리모 문제가 좀 더 중요하게 다루어지고 있지요. 교회에서는 이를 합법화하기 위해 노력하고 있습니다. 그리고 이는 결혼에 관한 이해를 바꾸는 것이 아니라 출생에 대한 이해를 바꾸는 것입니다. 예외적인 출생에서 일반적인 출생 중 하나가 되는 것이지요.

저의 결혼에 대한 이해는 결코 독창적이지 않습니다. 전통적으로 교회는 결혼을 이렇게 이해하지요. 우선 교회는 결혼은 잠재적으로 파괴적인 힘을 지닌 정욕을 생명을 낳을 수 있는 힘을 지닌 유대로 바꾸는 것으로 이해합니다. 그리고 우정의 가장 근본적인 형태, 더 나아가서는 결정적인 형태로 간주하지요. 마지막으로 교회는 결혼을 아이들을 낳아 키우고 약자들(이를테면 나이가 든 부모)을 돌볼 수 있는 안전한 공간의 창조로 이해합니다. 제가 본 바로는 교회는 마지막 이해를 가장 중시해온 것 같습니다. 그러한 와중에 동성혼은 그 역학에 변화를 줄 수 있습니다. 첫 번째 의미와 두 번째 의미가 부각되는 것이지요. 물론 이는 단혼제를 전제하고 있습니다. 아직은 이 부분까지 진지하게 문제가 제기되는 일은 없었지만, 언젠가는 제기될 수도 있다고 봐요.

누군가가 결혼의 주된 목적이 아이를 낳아 기를 수 있는 안전한 공간을 창조하는 것이라고 믿는다면(아이를 갖고 싶지만 그럴 수 없는 사람들도 있습니다. 물론 그런 이들도 결혼의 이러한 의미를 부정하지는 않지요. 하지만 결혼의 이러한 목적이 모든 이에게 언제나 해당되지는 않는다는 점은 알아둘 필요가 있습니다) 목적론을 따라, 즉 결혼의 세 번째 이해를 바탕으로 첫 번째, 두 번째 이해를 형성한다면 아이를 낳는 것, 둘의 우정, 신의는 모두 부부의 '의무'가 됩니다. 그래야만 아이를 안정적으로 낳아 기를 수 있을 테니까요. 이러한 관계에서는 우정이 얕고, 신의가 흔들리더라도 아이가 결혼 생활의 동기가 되어줍니다. 하지만 여기서 세 번째 이해가 사라지면, 구태여 결혼을 할 이유 자체가 없어지지요. 아이들을 낳아 기르기 위한 안전한 공간을 만드는 것이 결혼의 가장 중요한 이유가 될 경우, 그 이유가 사라지면 결혼의 기반은 송두리째 흔들립니다. 이 틀은 아이들이 성인이 된다고 해도 달라지지 않습니다. 비난하거나 정죄의 의도는 전혀 없지만, 부부가 결별하면 자녀에게 엄청난 영향을 미칩니다. 자녀가 37세라 할지라도 말이지요.

하우어워스 맞습니다.

웰스 교수님은 이 문제를 꽤 이른 시기부터 논의했던 걸로 기억하는데요. 결혼의 의미에 대한 문제가 제기되면서, 그리고 순전히 안정을 확보하기 위해 서로에게 의무와 책임을 지우는 결혼 제도의 문제가 많이 드러난 상황에서 이 제도에 편입되려 수많은 사람이 애쓴다는 것은, 어떻게 보면 아이러니한 일입니다. 이로 인해 교회와 사회 전반이 압력을 받고 있습니다만, 이때 교회와 사회가 해야 할 일은 수많은 새로운 상황 가운데서 떠오른 결혼 자체에 대해 좀 더 숙고해보는 것입니다. 동성혼은 그 무수한 상황 중 하나일 뿐이지요.

하우어워스 여기서 생각해 볼 만한 지점은 동성혼에 대한 요구가 결혼 제도를 살릴 수도 있다는 점입니다.

웰스 앞에서도 언급했지만, 현재 결혼 제도를 수호하려 애쓰는 사람들이 '적'으로 여기는 이들은 결혼 제도를 반대하는 사람들이 아니라 아이러니하게도 결혼 제도 안으로 들어오려 하는 사람들입니다.

하우어워스 정말 아이러니한 상황이지요. 동성 연인이 이성 연인이 결혼할 때 맺는 약속과 같은 약속을 맺을 준비가 되어있다면, 즉 평생 단혼제를 따라 신의를 지키며 서로에게 헌신하겠다고 약속할 준비가 되어있다면 그 결혼을 축복하고 100년 뒤 어떻게 될지 지켜보자고 이야기하고 싶네요. 교회에서 변화는 대부분 어떤 계획을 따라 일어나지 않습니다. 그냥 일어나지요. 우리는 그렇게 일어나는 변화들이 교회를 다시 빚어낸다는 것을 받아들여야 합니다. 저는 여성 목사 안수, 사제 서품도 이러한 맥락에 있다고 봐요. 샘, 어떻게 생각하나?

웰스 교수님과 그리 다른 입장은 아닌 것 같습니다. 이 문제는 흐릿하고 뿌연 상태입니다. 단혼제는 지난 100년간 계속 무너지고 있었습니다. 어떤 면에서는 동성혼 문제 덕분에 다시금 유행하고 있는 것이지요. 보수주의자들이 단혼제에 들어오려는 사람들을 거부하기 위해 안달복달한다는 것은, 소설로 치면 굉장히 희한한 내용 전개라 할 수 있습니다. 그들의 진짜 목적이 단혼제를 유지하는 것이라면 전략상 납득이 잘 안 되는 선택이기 때문이지요. 난잡한 이성애자가 신의 있는 동성애자보다 낫다고 생각하는 걸까요.

28년이라는 시간 동안 저는 무수한 결혼 예식을 인도했습니다. 그중에는 드물었지만, 결혼은 하되 함께 살지는 않는 이들도 있었지요. 하지만 이들을 기준으로 결혼 생활의 윤리를 고민하면 안 되듯 전체 인구의 3~5퍼센트 정도만 실천하는 성 윤리를 만드는 것은 어리석은 일입니다. 1968년 부부가 피임을 하지 않는다는 가정 위에서 성 윤리를 만든 로마 가톨릭이 그 대표적인 예지요. 이는 어떤 면에서 교회의 두 번째, 세 번째 차원을 전혀 고려하지 않고 첫 번째 차원만을 결과라 할 수 있습니다. 현실과는 완전히 동떨어진 이상만을 내세우는 것이지요. 결혼의 세 번째 의미를 우선시했던 흐름이 바뀌면서 현실은 훨씬 더 복잡해졌는데 말입니다.

하우어워스 그런데 그런 논리는 자칫 현실을 무비판적으로 받아들이는 논리가 될 수도 있네. 이를테면 전쟁 시 국가는 누군가를 죽여야 한다는 믿음을 그리스도교인들에게 강제할 수도 있잖나.

그러한 상황에서 태도를 바꾸고 새로운 것을 받아들인다는 건 폭력에 가담하겠다는 의미가 되지.

웰스 음, 그 사안과 이 사안의 다른 점은 그리스도교인은 기본적으로 결혼을 선한 것, 축하할 만한 것, 더 나아가 하느님께서 피조물을 축복하시고 당신의 나라를 시작하시는 하나의 방법으로 여긴다는 점이지요. 함께 생명을 누리는 것이 창조와 성육신, 그리고 종말의 근본적인 목적이라면, 결혼은, 최상의 경우 인간이 함께 생명을 누리는 가장 구체적인 형태라 할 수 있습니다. 이와 달리 누구도 살인을 선하고 좋다고 하지는 않지요. 제 뜻이 충분히 전달되었는지 모르겠네요.

하우어워스 이해했네.

웰스 교수님이 지적한 부분에 대해서도 한 번 생각해 보겠습니다. 하지만 일단 저는 그렇게 응답하겠습니다.

하우어워스 앞서 이야기했지만, 성서는 결혼 문제보다 폭력과 비폭력 문제에 훨씬 더 분명한 관심을 기울이고 있습니다.

웰스 폭력과 폭력에 대한 그리스도교인들의 대응은 복음의 중심에 있다고 생각합니다. 그렇다면 출산과 친밀한 육체적 관계도 복음의 중심에 있을까요? 콘스탄티누스주의 아래 있는 교회는 그렇다고 생각했습니다. 그렇다면 콘스탄티누스주의에 종속되기를 거부하는 교회, 즉 순례자 교회pilgrim church는 어떨까요? 종말의 전망 아래서 보면 폭력에 대한 의존은 하느님께서 구원을 이루시는 방식을 신뢰하지 않는 것이라 할 수 있습니다. 즉 도래하는 하느님 나라에 자신을 열지 않은 채 안정과 질서를 확보하기 위해 타자와 관계를 맺는 것은 보물을 잘못된 곳에 쌓아 두는 것과 다름없습니다. 교수님이 여러 저술에서 분명히 밝혔던 부분인데 교수님만큼 분명하게 이야기한 사람은 본 적이 없습니다.

하우어워스 순례자 교회의 구성원이라 할지라도, 더 흥미로운 도전들과 마주하지 않는 이상 성에 매혹되지 않을 수는 없을 것 같습니다. 누군가 "음, 자유롭게 좀 즐기는 게 도대체 뭐가 문제인지 모르겠어요"라고 말할 때, "우리는 그렇게 하지 않습니다"라는 말로는 그런 사람을 설득하지 못할 거에요. 우리에게는 그럴 시간이 없다고 말해야 합니다.

웰스 일종의 목적론이지요. 제게는 설득력이 있어요. 긴급함이 없으면 안일해지거나 자신의 현 상태에 안주하기 쉽습니다. 이에 관해서는 생각해 볼 부분이 정말 많지요. 하지만 제대로 생각해 보기 위해서는 예수께서 현 질서를 뒤흔들고 새로운 질서를 제시하기 위해 오셨음을 받아들여야만 합니다. 그러한 관점 아래서만 우리는 우리의 모든 시간을 바쳐 저 새로운 질서와 사회를 상상하고, 이를 위해 기도하고, 그 질서와 사회를 맛보고, 구현하는 데 써야 한다는 이야기를 할 수 있습니다. 우리가 안정적인 가정을 이루기 위해, 그 가정이 영원히 안전하도록 예수께서 오셨으며, 이를 위해 그분은 우리의 기질을 포함한 여러 문제를 스스로 통제하는 법을 가르쳐 주셨다고 이해한다면 위와 같은 이야기는 전혀 힘을 발휘하지 못하지요.

하우어워스 상상하기에 예가 부족한 것이 문제인 것 같습니다. 예수께서 제시하신 새로운 질서는 구체적으로 어떤 모습을 하고 있을까요? 지역 교회의 신자들이 동성혼의 결혼을 받아들인다면, 그건 결혼을 약속한 동성 연인이 결혼을 약속한 이성 연인과 같은 과정을 밟았다는 것을 인정해서일 겁니다. 달리 말하면, 상호 헌신이라는 교회의 기준을 그들도 따랐다고, 약속했다고 보기 때문이겠지요. 이를 보았다면, 신자들도 그 결혼의 증인이 될 것입니다. 그 결혼은 교회가 거룩함을 쌓는 또 다른 과정이 되겠지요. 보지 못했다면, 증인이 되지 않을 것입니다. 이는 이성 연인이든, 동성 연인이든, 어떠한 형태의 연인이든 결혼을 할 때 교회가 해야 할 일, 결혼을 준비하는 이들이 해야 할 일이 무엇인지를 상기시켜 줍니다.

결혼과 관련해 오늘날 교회는 현대 문화의 근본 가정에는 무비판적으로 순응하는 태도를 보입니다. 특정 사안에 어떤 입장을 갖든 말이지요. '두 개인이 사랑하면 그것으로 충분하다' 같은 이야기가 그 대표적인 가정입니다. 이러면, 결혼을 애써 교회에서 할 필요가 없고 '증인'이 필요하지도 않습니다. 교회는 현대 문화에서 일반적으로 가정하는 결혼과는 다른 결혼을 이야기하고, 또 구현해야 합니다. 이러한 맥락에서 저는 교회가 결혼을 주선하는 것도 나쁘지 않다고 생각합니다. 누군가에게 배우자가 될 상대를 교회에서 권하는 것 말이지요. 사실 오늘날 대다수 사람은 이미 정해진 틀 안에서 결혼을 합니다. 노트르담 대학교에서 결혼에 대해 가르칠 때, 저는 종종 학생들에게 노트르담 대학교는 로마 가톨릭 신자들이 자식들을 자신들과 같은 부류에 있는 사람과 만나게 하기 위해 보내는 곳이라고 말했습니다(*노트르담 대학교는 로마 가톨릭 교회 성 십자가 수도회Congregation of the Holy Cross에서 설립한 대학교다). 이러한 조건 아래서 '내가 선택한 사랑'이라는 것은 환상이지요.

웰스 교수님이 예전에 그렇게 말씀하셨을 때는 동의했는데, 최근에는 온라인을 통해 만나는 요즘에는 어떤지 모르겠습니다. 분명 이에 관해 연구하고 있는 사회학자들이 있겠지요. 온라인을 통한 만남이 많아진 요즘에는 오프라인에서 주로 만날 때보다 훨씬 더 빨리 친밀해지는 경향이 있습니다. 그리고 사목의 관점에서 이는 복잡한 문제를 낳지요. 노트르담 대학교의 경우보다 말입니다. 일정한 틀 안에서, 사실상 부모의 주도 아래 이루어지는 결혼이든 아니든 거기서 결혼이 이루어지려면 아이가 노트르담 대학교에 가기를 원해야 합니다. 그리고 노트르담 대학교의 구성원이라는 것만으로 우리는 그 사람에 대해 어느 정도 파악이 가능합니다. 하지만 온라인에서 만난 사람은 아닙니다. 우리는 그 사람이 공개한 정보가 사실인지 아닌지도 확인할 수 없지요.

하우어워스 서로가 서로에게 불투명하지요.

웰스 그러니까요.

하우어워스 결혼 상담을 구하러 온 이들에게 상담을 해주나?

웰스 네.

하우어워스 그러면 상담을 몇 번 해주지?

웰스 두 번 합니다. 첫 번째 상담을 할 때는 존과 애나가 결혼할 때 제가 했던 설교문을 주고 결혼에 관해 이야기해 줍니다. 그 결혼식 기억하시나요?

하우어워스 기억하지.

웰스 두 번째 상담을 할 때는 결혼 예식에 관해 이야기를 나눕니다. 그리고 서로를 아낀다는 것에 관해서도 이야기하고요.

하우어워스 결혼하면 안 된다고 할 때도 있나?

웰스 아니요, 잉글랜드 성공회는 국교회기 때문에 국교회 사제로서 저는 안 된다고 이야기할 수 없어요.

하우어워스 안 된다고 이야기할 수 없다고?

웰스 이미 결혼을 한 상태에서 결혼 예식만 하겠다고 요청하거나 어떤 기준에 부합하지 못하는 경우에는 거절할 수도 있겠지요. 하지만 그런 사례는 정말 드뭅니다. 그리고 기준을 적용하는 것에 대한 재량은 사제에게 달려 있습니다. 조건에 부합하는 이들이 결혼 예식을 인도해달라고 요청했을 경우 제게는 이를 거절할 수 있는 권한이 없어요.

하우어워스 그럼, 사실상 공무원 아닌가?

웰스 그렇게 생각하지는 않습니다. 제가 결혼 예식을 인도하지 않는다면 다른 사제가 해야겠지요. 그런 데는 역사적인 이유가 있습니다. 등기소가 없던 시절, 사람들이 결혼할 수 있는 유일한 방법은 성직자에게 승인받는 것뿐이었습니다. 물론, 실제로 상담을 하면서 '이 사람들 진짜 결혼을 하려는 건가?'라는 생각이 들었던 경우가 없었던 건 아닙니다. 결혼하기 전에 당연히 답해야 하는 부분에 대답하지 못하는 사람들도 있었지요. 그럴 때는 잠시 정적이 흐르곤 했습니다. 이를테면 "이전 관계에서는 그토록 쓰라린 실패를 경험하고서도, 이 사람과 결혼을 하고 싶다고 생각이 들게 해주는 것이 무엇인가요?"라고 물었을 때 답을 못하는 경우가 있습니다. 1분 정도 정적이 흐르면 배우자가 될 사람이 대신 이야기를 하더군요.

하우어워스 미국에서 목사는 사실상 공무원입니다. 국가의 허가증에 서명을 하는 게 결혼과 관련된 주업무지요.

웰스 저희도 서명합니다. 제가 허가증에 서명을 하지 않으면 그들은 법적으로는 부부가 아닙니다. 개인적으로는 그런 법적 부분은 교회가 이제 덜어내야 한다고 봅니다. 예식을 인도와 기도에 집중하면 좋을 것 같아요.

하우어워스 요즘에는 결혼하는 데 20,000달러에서 30,000달러가 든다는 게 사실 아닌가?

웰스 언젠가 한 신자분에게 애인과 동거한 지 10년은 된 듯한데 결혼할 생각이 없냐고 물어보니 "그럴 형편이 안 돼요"라고 답하더군요. 물론 금전적인 이유가 결혼하지 않는 유일한 이유는 아니겠지만, 한 가지 이유는 되는 것 같아요. 개발도상국에서 장례식과 결혼식은 치료비를 제외하고 사람들을 궁핍하게 만드는 가장 큰 원인입니다. 동네 사람들을 다 초대해 막대한 돈을 지출해야 하니까요. 물론 이런 문화의 장점도 있습니다. 저는 수많은 사람 앞에서 서로에게 헌신하겠다고 약속하는 것이 매우 중요하다고 생각하니 말이지요. 그런 맹세는 섣불리 부부관계를 끊는 것, 부부관계에 아무런 책임감도 느끼지 않는 것을 어느 정도는 막아준다고 생각합니다.

하우어워스 그러고 보니, 노트르담 대학교에 있을 때 한 학생이 와서 제게 물어본 적이 있습니다. 아마 제가 개신교인이어서 물어본 것 같아요. 아무튼 그 친구는 제게 여자친구랑 자유롭게 즐기는 게 도대체 뭐가 문제인지 모르겠다고 했습니다. 그때 저는 이렇게 답했지요. "나는 그 말에 반대할 생각이 없네. 여자친구와 공동 계좌를 쓴다면 말이야."

열 번째 대화

대학에 관하여

랭더크 지금까지 교회에 관해 많은 이야기를 나누었습니다. 그런데 두 분의 삶에서는 대학 역시 커다란 비중을 차지했잖아요. 신부님은 대학의 영향이 교회보다는 덜 했을지 모르겠지만 말이지요.

웰스 맞아요. 교회보다는 훨씬 적은 영향을 받았습니다. 저는 단한 번도 제가 대학에 속해있다고 생각하지 않았어요. 하지만 듀크 대학교 교목 경험은 그전의 경험과는 분명 달랐습니다. 듀크 대학교회에서의 활동, 신학대학원에서 학생들 가르치는 활동 모두 기뻤습니다. 대학에 속해있다고 생각하지는 않았지만, 교수 역할을 마다할 이유도 없었지요. 알다시피, 저는 조교수나 부교수 직책을 맡아본 적이 없습니다. 학생들을 가르치기도 했지만, 신학대학원에서 제 역할은 기본적으로 총장에게 신학대학원 상황을 보고하는 행정가였어요. 온갖 회의에 참여했는데 발언할 권한은 없었습니다. 권한이 있어도 무의미한 게 몇 년 동안은 무슨 이야기를 하는 건지 알아듣지 못했거든요. 어쨌든, 덕분에 제가 경험해 보지 못한 문화를 맛보았고 방대한 학생 관련 업무를 해보았습니다. 제가 신학대학원에 다닐 때는 그런 게 있는지도 몰랐어요.

여러모로, 그 일은 특권이었습니다. 저는 많은 면에서 자격이 없음에도 불구하고 많은 분이 저를 신뢰해주셨지요. 한 번도 해보지 못한 일이어서 실수를 자주 저질렀는데도 말입니다. 하지만 듀크 대학을 떠나며 그 특권을 내려놓는 게 슬프지는 않았어요. 그보다는 저에게 딱 맞았던 교목이라는 자리, 그곳에서 만난 사람들, 좋은 대학 환경과 문화를 떠나는 게 슬펐습니다. 듀크 대학교에서의 경험은 풍요로웠지만, 연구하고 학생을 가르치는 공간으로서의 대학을 떠나는 일은 제게 어려운 일은 아니었어요.

랭더크 교수님은 좀 다르겠지요?

하우어워스 그렇지요. 저는 교회의 시민이라기보다는 대학의 시민에 가깝습니다. 대학에 입학한 열여덟 살 때부터 대학은 저의 집이었습니다. 학부를 졸업하고 곧바로 신학대학원에 다녔고 또 곧바로 박사과정을 밟았지요. 한 번도 공백 기간이 없었습니다.

그리고 운이 좋게도 곧바로 오거스타나 대학에서 2년 동안 가르쳤고, 그다음에는 노트르담 대학교에서 14년 동안 있었고, 그리고 35년 동안 듀크에 있었지요. 한마디로 저는 대학밖에 모릅니다. 물론 대학을 사랑하고 그 사명에 대해서도 귀히 여기지요. 저는 우리가 '서양'이라고 부른 문화에 담긴 지혜, 그리고 그 문화가 다른 문화와 주고받은 영향을 익히게 해주는 것이 대학의 사명이라고 생각합니다. 대학이 앞으로도 이 사명에 충실할지는 잘 모르겠지만 말이지요. 오늘날에는 대학에서도 인문학의 역할에 대해 의구심을 던집니다. 저는 인문학과 과학이 대립한다고 생각하지 않아요. 따로 발전할 수 있다고 생각하지도 않습니다. 제 생각에 수학은 가장 위대한 인문학입니다. 그러나 오늘날 대학은 무엇이 정말 중요한지를 이해하는 논쟁이 계속될 수 있도록 돕는 공동의 자원을 점차 잃고 있습니다. 그 부분이 안타깝습니다. 어떤 사람들은 『맥베스』Macbeth가 여성을 폄하하기 때문에 읽어서는 안 된다고 주장합니다. 어떤 사람들은 마녀나 요정과 같은 신화적 요소 때문에 『오즈의 마법사』The Wizard of Oz를 읽어서는 안 된다고 주장하지요. 이러한 사회에서 어떻게 무엇이 중요한지를 판단하고, 이야기하고, 합의하겠습니까? 대학은 이를 함께 고민할 수 있는 장, 한 문화가 겪고 있는, 어떤 면에서는 겪을 수밖에 없는 갈등을 미리 체험해보는 장이어야 해요. 이러한 성격을 대학이 점점 잃고 있는 것이 우려됩니다.

랭더크 『폭력적인 세계에서 온유하게 살아가기』Living Gently in a Violent World라는 책에서 교수님은 이런 말씀을 하신 적이 있습니다.[*]

> 대학은 평화의 수단이 아니라 평화의 여러 모습 중 하나다. 공공선
> 을 발견하기 위해 불가피하게 일어나는 갈등을 비폭력적으로 탐구
> 하기 때문이다.

그렇다면 오늘날 대학에서 탐구해야 할 갈등은 무엇인가요?

하우어워스 글쎄요. 제 생각에는 그리스도교를 두고 일어나는 갈등을 탐구해야 할 텐데, 우선 그리스도교에 대해 충분히 가르쳐야 합니다. 하다못해 셰익스피어William Shakespeare의 희곡들을 이해하기 위해서도 그리스도교는 알아야 하지요. 그리스도교를 모르면서 셰익스피어를 가르칠 수 있다는 생각은 정말 어이없는 일입니다. 역사의 역할, 지금 우리가 어디에 있는지 이해하는 일에도 수많은 갈등이 있습니다. 계몽주의의 정의, 계몽주의에 대한 이해에서도 갈등이 존재하지요. 학생들에게 그들이 몸담고 살아가는 세계를 이해할 수 있게 하기 위해서는 이러한 갈등을

---

[*] Stanley Hauerwas, Jean Vanier, Living Gently in a Violent World: The Prophetic Witness of Weakness (IL: IVP Books, 2008)『화평케 하는 자는 복이 있나니』(IVP)

소개해야 합니다. 모든 학생이 플라톤의 모든 저작을 읽을 필요는 없습니다. 하지만 신입생일 때 『국가』The Republic는 읽어야 하고 이를 읽을 수 있도록 강의가 열려야 한다고 생각해요. 그다음 정의에 관심을 기울이는 사회가 무엇인지 생각해 볼 수 있도록 3~4학년 정도 되었을 때 다시 한번 『국가』를 읽고 이야기를 나누는 강의가 열려야 한다고 봅니다. 하지만 안타깝게도, 오늘날 대학에 오기 위해서는 막대한 비용이 들고 대학은 학생을 더는 학생으로 여기지 않습니다. 학생은 '고객'이 되었고 자신이 무엇을 공부할지를 '선택'할 수 있지요. 하지만, 정말 무언가를 배우기 위해서는 그 분야를 대표하는 사람들의 권위를 존중하고 그들을 따라야 합니다. 그리고 교수는 학생들에게 무엇을 공부해야 하는지를 가르쳐야 하지요. 한 학생이 물리학 수업에서 손을 들고 "저는 더는 전자에 대한 확신이 서지 않습니다"라고 말하면 교수는 "그럼 신학을 공부하게"라고 이야기할 것입니다. 한 학생이 문학 수업에서 "저는 에밀리 디킨슨Emily Dickinson의 시가 왜 그렇게 좋은지 모르겠어요. 그냥 뭔가 투덜대는 것 같아요"라고 말하면 교수는 "학생, 모르겠으면 일단 계속 읽어봐. 자네는 아직 디킨슨에 대해 왈가왈부할 정도로 그녀의 시를 알지 못해"라고 답할 것입니다. 물리학 교수가 그랬듯 말이지요. 그리고 학생은 교수의 말을 받아들여야 합니다. 그러니까, 교수와 학문의 권위를 재정립하는 것, 학문을 익히는 데 필수적인 과정과 그 과정에서 교수의 위치를 재정립하는 것이 매우 중요하다고 생각합니다. 옥스퍼드나 케임브리지도 이러한 어려움을 겪고 있는지 모르겠네요.

웰스 모든 학교가 듀크 대학교처럼 재정적으로 여유롭지는 않습니다. 많은 학교가 상당한 압박을 받고 있지요. 그리고 그곳의 교수들은 여러 일을 할 수밖에 없습니다. 업적을 만들기 위해, 학과의 존속을 위해 자신이 특별히 관심도 없는 주제에 관한 논문과 책을 쓰고요. 제 동년배 중 상당수가 그러고 있습니다. 안타까운 일이지요.

미국은 상대적으로 그게 덜한 것 같습니다. 미국 대학에는 종신 교수직이 있잖아요. 영국에는 그런 교수직은 없습니다. 어떻게 보면 종신 교수는 세상에 존재할 필요가 없어 보이는데 존재하는 사람입니다. 언젠가 교수님이 말했듯 종신 교수는 현재 사회 구성원 전체가 동의하지 않고 지지하지 않는 것을 끊임없이 찾아 이와 관련된 책을 읽고 탐구하며 알리는 대가로 돈을 받습니다. 종신 교수는 바로 이를 위해 존재하지요.

물론 영국에서도 학자로 성공할 수 있습니다. 하지만 그런 사람조차 사회가 자신의 연구를 따라잡아 자신의 효용 가치가 사라져 버릴지 모른다는 불안감을 가지고 있지요. 영국에서는 그렇게 학자가 자신의 분야에 매진하도록 부추기는 것 같아요. 그래서 최근 점점 더 대학에서 인문학의 위치가 위태롭다는 이야기가 오가고 있음에도 불구하고, 그리고 실제로 어려움을 겪는 학자들이 많음에도 불구하고 저는 비교적 미래에 낙관적입니다.

하우어워스 대학에서 생산하는 지식과 대중 사이에 괴리가 있다는 것도 문제입니다. 학자들은 다른 학자가 읽을 것을 가정하고 글을 씁니다. 그래서 대중이 이해하기 쉬운 글을 쓰는 것은 매우 힘들어하지요. 그러한 면에서 저는 축복받은 학자입니다. 저의 글을 의무감을 가지고 읽는 그리스도교 독자들이 있기 때문이지요. 물론 그것이 제 글이나 책이 많이 팔린다는 것을 의미하지는 않습니다. 하지만 그리스도교인들은 기본적으로 교회를 이루는 데 관심이 있기 때문에 제가 쓰는 글을 필요로 하는 독자층이 있습니다. 독자들은 제 글을 읽고 교회에 대한 이해를 잘못하고 있다고 이야기할 수도 있습니다. 하지만 이 또한 학자와 대중 독자 사이에서 이루어지는 대화의 일부지요.

오늘날 과학자들은 권력에 의해 형성됩니다. 그러니까 국립과학재단, 의학연구소 등의 자금에 의존해 연구를 한다는 것이지요. 국민은 과학자들이 질병, 심지어는 죽음으로부터 자유롭게 해주리라 믿고 그들에게 자금을 지원합니다. 이것이 과학자에게 꼭 좋은 일은 아닙니다. 대부분의 과학자는 자신들이 하는 일이 현실에 어떤 의미가 있는지에 전혀 관심이 없기 때문이지요. 그들은 그저 과학 그 자체의 아름다움을 사랑하고 그런 열정을 저는 존경합니다. 하지만 대중은 이를 이해하지 못하지요.

이따금 저는 신학대학원에 가는 사람들과 의과대학에 가는 사람들을 비교하곤 합니다. 오늘날 신학생들이 지적으로 충분히 진지하지 못함을 보여주기 위해서 말이지요. 신학생들은 최소한 의과대학 학생들만큼 훈련을 받아야 하고, 학교와 교회 역시 그러기를 기대해야 합니다. 실력 없는 의사가 우리 건강을 해칠 수 있듯 질 나쁜 성직자는 우리의 구원을 해칠 수 있기 때문이지요.

웰스 지난 10년간 신학교 훈련 과정은 조금씩 바뀌었습니다. 제가 만나 본 성직 후보생들은 자신들이 지켜야 할 선, 성적 권력 등과 같은 문제들에 대해 이전보다 훨씬 더 많은 경고를 받으며 훈련을 받고 있습니다. 교회에서도 권력의 남용이 유행병처럼 번져있다는 사실을 인지한 것이지요. 이는 반길 일입니다. 하지만 저는 그만큼이나 성서에 바탕을 둔 상상력을 기르는 법을 훈련해야 한다고 생각합니다. 교수님께서 말씀하셨듯 이 부분은 진지하게 하고 있지 않은 것 같아요. 그리고 이는 교회에 고스란히 반영됩니다.

하우어워스 지난 50년 동안, 특히 성서학 분야에서 신학생들이 받은 훈련은 본질적으로 개신교 자유주의를 재생산하는 법이었다고 생각합니다. 역사비평 방법론에 지나치게 무게를 둔 성서학 강의는 신학생들이 성서에 바탕을 둔 상상력을 일으키는 데 실패했다고 봐요.

랭더크 자신이 성직자의 부름을 받았다고 생각하는 한 청년이 있다고 해보지요. 그 청년이 진짜 소명을 받았는지 어떻게 분별할 수 있을까요? 그리고 어떤 훈련 과정을 거쳐야 할까요?

웰스 질문 자체를 다시 생각해 볼 필요가 있습니다. 최근 잉글랜드 성공회에서 성직자 훈련을 받는 사람들의 평균 나이는 37~38세기 때문이지요(웃음). 앞서 교수님이 말씀하신 권위에 관한 이야기, 우리가 공통으로 알아야 할 지식이 있다는 이야기에 동의하면서도 37~38세인 이들에 대한 교육은 20대 교육과는 다르게 이루어져야 한다고 생각합니다. 훨씬 더 많은 인생 경험을 한 이들을 대상으로 교육할 때는 훨씬 더 복잡하면서도 섬세한 접근이 필요하다고 봐요. 종종 우리는 성인을 상대로 신학 교육을 할 때는 그들이 이미 일정 신학 지식을 갖고 있을 것이라고 가정합니다. 하지만 제대로 확인해봐야 합니다. 성인 신학생들이 오리게네스Orien나 테르툴리아누스Tertullian를 알까요? 그렇다고 확신할 수 없습니다. 안다고 가정하고 그들에 대해 가르치지 않는다면, 신학생들에게 꼭 필요한 이야기를 한 이들을 만날 기회를 앗아가는 셈입니다. 혹시 해서 하는 말이지만, 저는 늦게 성직 소명을 받은 것이 나쁘다고 이야기하는 게 아니에요.

하우어워스 전혀 나쁜 게 아니지요.

웰스 늦게 성직 소명을 받았다고 해서 그전에 받은 소명이 잘못되었다는 이야기도 아닙니다. 그런 경험을 통해 그는 더 훌륭한 성직자가 될 수 있습니다. 하지만 신학생일 때는 학생으로서 교육을 받겠다는 겸손함을 가지고 있어야 합니다.

하우어워스 결국 중요한 질문은 '어떻게 하면 누군가를 제대로 된 사람으로 훈련할 수 있을까?'라고 할 수 있습니다. 성직자는 인간과 하느님, 인간과 인간의 관계에 대한 지혜를 지닌, 품격있는 사람이어야 합니다. 샘이 좋은 예지요. 지금까지 한 이야기들을 보면 알 수 있지 않습니까? 그렇다면 이런 성직자를 배출하려면 어떤 훈련을 시켜야 합니까? 제 생각에 이런 지혜는 자연스럽게 형성되지 않아요. 신학생들이 그런 성직자에게 훈련을 받더라도 곧장 학생들이 그런 지혜를 갖게 되지는 않습니다.

웰스 최근 영국 신학교에서도 이를 고민하고 있습니다. 지난 20년간 성직자 훈련은 수도원 방식의 교육에서 반대 방향으로 나아갔습니다. 하지만 인간과 하느님, 인간과 인간의 관계에 대한 지혜를 지닌, 품격있는 사람으로 훈련하기 위해서는 전자가 더 좋을지 모르겠습니다. 역사를 보면 알 수 있지요. 제가 신학교에 입학했을 때 동기는 25명이었고(첫 번째 해에 6명이 나가서 19명으로 줄었습니다), 공동생활을 했습니다. 종이 울리면 모두가 일어나 조용히 계단을 내려가 아침 기도가 시작하기 전에 30분 동안 아침 식사를 했던 기억이 납니다. 공동체 내에 비밀은 있을 수 없었지요. 모두의 일을 세세히 알고 있었고 하다못해 아침 식사를 어떻게 하는지도 알고 있었습니다. 상당히 껄끄러운 면이 있었지만, 이를 견디지 못한 이들은 사제 서품을 받기 힘들었습니다. 서품을 받고 나면 그와는 완전히 다른 환경에서 사목 활동을 하기 때문에 '그런 생활을 굳이 할 필요가 있을까' 하는 생각도 들기는 합니다. 하지만 돌이켜보면, 공동생활은 일종의 정련 과정이었다고 생각해요.

최근 신학생 훈련 과정은 훨씬 더 편하고 견딜 만합니다. 하지만 훈련의 중요한 요소가 사라지게 되었다는 것은 부정할 수 없을 것 같아요. 조는 이 문제에 관해 훨씬 더 많이 알고 있습니다. 그녀의 경력 대부분이 신학생 훈련과 관련이 있으니 말이지요. 여전히 이와 관련된 기관들의 이사회에 속해있는데, 조가 성직자 훈련 과정에 관해 이야기해 보자고 하면 대한 사람들이 곧바로 주제를 바꾼다고 하더군요. 공동생활을 하지 않는 환경에서 신학생 훈련은 어떻게 이루어져야 할까요? 아직은 아무도 이에 관해 대화할 준비가 되어 있지 않은 것 같습니다. 그저 제대로 훈련이 이루어지고 있지 않다고만 말하고 있지요.

하우어워스 또 하나 생각해 볼 것은 종합대학교에 속한 신학대학원의 중요성입니다. 현 상황에서 이 신학대학원은 아주 독특한 소명을 갖고 있다고 생각합니다. 그리스도교인이 된다는 것이 어떤 의미인지를 대학이 주목하게끔 만들고 이와 관련해 지적인 차원에서도 문제를 제기하는 소명 말이지요. 저는 이것이 권력의 문제라고 생각합니다. 이 세상에서 우리가 책임져야 하는 일이라고 믿기도 하고요. 교회에 헌신하지 말아야 한다는 이야기는 아니지만, 종합대학교에 속한 신학자들은 무엇보다 대학에서 일어나는 지적 도전들에 응해야 합니다. 오늘날 그리스도교의 문제점은 사람들이 그리스도교를 거부한다는 데 있지 않습니다. 그리스도교를 '무시'한다는 데 있습니다. 신학자들은 그리스도교의 중요성에 대해 지적으로 설득해야 할 의무가 있습니다. 매우 어려운 과제이지요.

웰스 그리고 이는 많은 신학교가 보여준 것보다 훨씬 더 겸손하고, 유연하게 이루어져야 합니다. 목소리를 높인다고 해결될 문제가 아니에요.

하우어워스 그럴 문제가 아니지.

웰스 실질적인 모범을 보여줘야 합니다. 다른 학과들로부터 존경을 받을 정도로 이론과 실천을 잘 통합해야 하지요. 언젠가 대학교가 더럼 지역을 위해 할 수 있는 일이 무엇이냐는 질문을 받았던 적이 기억납니다. 저는 대학교가 지역을 위해 할 수 있는 가장 좋은 일은 좋은 대학교가 되는 것이라고 답했습니다. 첫 번째 대화에서 교수님이 대학의 이상에 대해 말씀하신 부분을 생각해 보지요. 대학은 여러 학문이 소통하는 장이어야 합니다. 실마리는 다름 아닌 '대학'university이라는 이름 그 자체에 있어요. 대학은 그야말로 하나의 우주, 모든 것을 아우르는 곳이 되어야 합니다. 대학이라는 공간에서 우리는 모든 의견을 나눌 수 있어야 합니다. 잘못된 의견을 포함해서 말이지요. 오히려 그런 의견이 없을 때, 그런 의견을 듣지도 않고서 거부할 때 대학은 망가집니다.

가장 좋은 모습일 때 대학은 서로 다른 전공을 지닌 사람들이 모여 다양한 의견을 나누는 가운데 공동선을 찾습니다. 흥미로운 불일치를 발견하는 순간도 있겠지요. 다시 한번 말하지만, 모든 이를 위해 대학이 할 수 있는 가장 좋은 일은 참된 의미의 대학, 좋은 대학이 되는 것입니다. 현대 사회는 다른 어느 때보다도 다른 의견을 가진 사람들과 대화할 수 있는 능력, 다른 관점을 가진 사람들의 말에 귀 기울일 수 있는 능력, 불쾌하게 다가올 수 있는 의견을 웃어넘길 수 있는 능력을 필요로 하기 때문입니다. 오랫동안 대학은 학생들이 이런 능력을 지닐 수 있도록 해왔고, 앞으로도 그래야만 합니다.

하우어워스 오늘날 미국의 언어는 흉하기 그지없습니다. 그리고 그 책임은 대학에 있지요. 대학은 바로 말을 잘할 수 있도록 사람들을 훈련하는 공동체이기 때문입니다. 신앙의 언어를 활용하는 법을 가르치는 신학교의 경우 더더욱 그러합니다. 신학교는 설교를 잘하는 사람들을 배출할 때 교회와 사회를 더 잘 섬길 수 있습니다. 샘도 이야기했지만, 대학은 학생들에게 자신들이 해야 할 말을 잘할 수 있도록 훈련을 시킴으로써 이 사회에 기여합니다. 이는 우리의 미래가 달린, 매우 중요한 일입니다.

나가며

웰스 제 생각에 교수님의 글은 3분의 2가 특정 독자를 위해 쓴 글입니다. 그래서 그 독자들만이 이해할 수 있는 농담을 던지며 글을 시작하시지요. 이를테면 그리스도교 윤리학 교수라는 직함은 아주 바보 같은 직함이라고 말이에요.

하우어워스와 랭더크 (웃음)

웰스 그렇기에 나머지 독자는 그 글을 오해할 수 있습니다. 대부분 사람은 자신이 쓰는 말에 대해 그 정도로 곱씹어 보지는 않을 뿐더러 다시 생각해 보지도 않기 때문이지요.

랭더크 그래서인지 이 대담을 준비하면서 질문을 신중하게 작성하게 되더라고요. 무언가를 '정의'해달라고 하지 않고, '가치'라는 말도 쓰면 안 되겠다고 생각했지요.

하우어워스와 웰스 (웃음)

랭더크 어떤 말을 쓰는지가 중요하니까요.

하우어워스 '도발적인'이라는 말도 쓰면 안 됩니다(웃음).

웰스 이어서 말하면, 농담을 던진 뒤 교수님은 이런 방식으로 글을 쓰세요. "저는 책 몇 권을 읽었고 이에 관해 여러분에게 말하려 합니다. 여러분은 아마 그 책들에 대해 들어본 적이 없고, 제가 왜 그 책에 관해 이야기하는지도 잘 모르시겠지요. 하지만 잠시만 시간을 내서 들어봐 주세요." 그다음 교수님은 이 책들에 대해 비평을 한 다음, 어떤 책도 답하지 못한 이야기를 전개합니다. 그리고 마지막 부분에서는 진짜 질문에 답할 충분한 시간이 없었음을 안타까워하시지요(웃음).

하우어워스 샘의 설교에도 특징이 있어요. 우선 어떤 주제에 대해 세 가지 할 말이 있다고 이야기합니다. 그다음에는 아름답게 그 세 가지를 풀어나가지요.

편집자의 말

하우어워스 교수님과 웰스 신부님이 선호하는 대화 방식은 다르다. 하지만 두 분 모두 '언어'를 중시한다. 방대한 저서와 저술 목록만 보더라도 두 분이 얼마나 '말'에 대한 사랑이 극진한지를 알 수 있다. 그래서 이 대담을 진행하는 와중에 어떤 이는 두 분의 저서, 저술 목록을 책에 수록하자고 이야기도 했다. 하지만, 그 방대한 목록을 편집할 사람이 걱정되어 실행에 옮기지는 않았다. 물론, 글을 많이 쓰는 것과 언어를 유창하게 쓰는 것은 다르다. 또한, 좋은 작가가 반드시 언어의 본질에 대해 숙고하는 것도 아니다. 하지만 교수님과 신부님이 언어를 중시한다는 것은 분명하다.

하우어워스 교수님은 이 대담에서 "유세 연설하듯 했던 이야기와는 다른 이야기"를 나누기를 바라셨다. 언어의 힘을 믿으시기 때문일 것이다. 좋은 대화는 알지 못했던 것을 발견하게 해준다. 그리고 알고 있었지만 말하지 못했던 것을 드러내 주기도 한다. 교수님과 신부님, 그리고 나는 이틀간 대화를 나누었다. 때때로 두 분은 고요함에 잠긴 채 질문에 답하기 위해 적절한 언어를 찾으려 분투했다. 그리고 차분하게, 신중하게 자기 생각을 이야기했다. 두 분은 이미 수많은 글을 썼지만, 이 대담집에는 이전에는 한 번도 언급하지 않았던 이야기가 꽤 있다. 처음으로 어떤 주제에 관해, 혹은 사안에 관해 이야기를 하면서 예전부터 본인이 그 주제에 대해 나름대로 생각을 하고 있었음을 실토할 때 나는 마치 비밀의 공간에 출입한 것만 같은 느낌이 들었다. 하우어워스 교수님과 웰스 신부님의 글을 많이 읽어 본 독자들이라면 지금까지 그분들이 했던 "유세 연설"과는 사뭇 결이 다른 이야기를 들을 수 있을 것이다. 그렇다고 해서 "유세 연설"의 의미가 퇴색하는 것은 아니다. 독자 중에는 하우어워스 교수님의 "유세 연설" 중 몇몇 문장을 외우는 이도 있을 것이다. 이를테면 "근대성은 이야기가 없을 때 선택한 이야기 외에는 다른 어떤 이야기도 해서는 안 된다고 생각하는 이들을 낳는 프로젝트다" 같은 문장들 말이다. 어떤 이는 풍요로운 삶이란 희소성의 경제에 저항하는 것이라는 웰스 신부님의 이야기를 기억할 것이다. 이

"유세 연설"들은 허공을 향해 지르는 말들이 아니다. 자신들이 품고 있는 생각을 드러내는 언어를 찾아, 벼린 뒤 독자에게 건네는 것이다.

신학생 시절, 하우어워스 교수님은 언어가 수행적이라고 말씀하셨다. 달리 말해, 언어는 세상을 보는 관점, 그리고 우리의 인격을 형성한다. 두 분이 섬세하게 말을 정제하는 이유는 수사에 관심이 많기 때문이 아니다. 그 말이 우리의 성품을 빚어내는 데 도움을 주기를 바라기 때문이다.

웰스 신부님을 통해 나는 언어의 활력에 대해 배웠다. 즉 우리가 대화를 나눌 때 여러 문제에 대해 다시 검토하고 그 언어에 충분한 관심을 기울여야 하지만 이야기에 종지부를 찍으려 애쓸 필요는 없음을 배웠다. 대화는 함께 길을 모색하는 과정이다. 이 과정은 열려 있으며 그렇기에 우리는 자유롭게 이를 만끽할 수 있다. 하느님께서 이를 허락하셨으며 우리의 대화를 끝맺을 권한은 궁극적으로 우리가 아닌 그분께 있기 때문이다.

활동, 저술, 우정, 두려움에 관한 두 분의 이야기를 들으며 나는 결국 두 분이 하는 모든 일은 하루하루를 잘 살아내기 위한 것임을 알게 되었다. 생각도 다르고, 처한 상황도 다르지만 두 분이 우정을 나누고 프로젝트를 함께 진행할 수 있는 이유는 두 분 모두 복음이 어떻게 하루하루를 가능하게 하는지 보여주는 데 관심이 있기 때문이다. 이 대담집의 가치도 여기에 있다. 이 대담집은 단순히 스탠리 하우어워스나 새뮤얼 웰스의 개인사를 엿보고 싶은 호기심을 충족하기 위해 기획된 책이 아니다. 두 분이 하는 공적 저술과 활동은 결국 일상을 잘사는 것에 초점이 맞춰져 있으며 두 분의 일상 역시 두 분의 공적 활동과 분리되지 않는다. 그러한 면에서 이 대담집은 두 분의 개인적인 이야기를 전함으로써 두 분의 "유세 연설"들, 즉 저술들과 공적 발언들을 좀 더 깊게 이해하도록 돕는다.

대화를 준비하며 웰스 신부님은 하우어워스 교수님과 당신이 내내 야구 이야기만 하지 않도록 내가 대화를 잘 이끌어 가야 한다고 말씀하셨다. 하지만 그럴 리 없음을 나는 알고 있었다. 야구 이야기는 두 분이 나누고 있는 우정의 한 단면을 보여줄 뿐 두 분이 하고 있는 전체 프로젝트를 보여주지는 않기 때문이다. 물론 두 분의 대화에 야구가 등장하지 않았다면 이 또한 놀라운 일이었을 것이다.

교수님은 그리스도교에서 말하는 희망이란 지금 여기서 종말을 살아내는 것이라 말씀하셨다. 우리에게는 서로의 말에 귀 기울일 시간이 있다. 친구가 될 수 있는 시간이 있다. 그리고 야구를 함께 볼 수 있는 시간이 있다. 교회는 신실함을 말하지 효율과 성공을 말하지 않는다. 비슷한 맥락에서 신부님은 가장 중요한 사건은 예수 그리스도의 삶과 죽음, 부활을 통해 이미 일어났으며 그 사건은 우리에게 앞으로 도래할 나라를 고대하며 살아갈 자유를 주었다고, 교회의 임무는 세상을 구하는 것이 아니라 그 자유로 하루하루를 살아가는 것이라 말씀하셨다. 그러니 우리는 함께 프로젝트를 할 수 있고 인내를 배울 수 있고 텍사스 42 도미노 게임을 추천할 수 있고 복음을 선포하고 살인 미스터리물을 읽을 수 있고, 모든 죽어가는 것을 사랑할 수 있고, 사랑하는 친구와 대화를 즐길 수 있다. 복음이 우리를 자유케 했기 때문이다.

모린 크누센 랭더크
2020년 부활절

스탠리 하우어워스와의 대화

- 신앙이 의미를 잃은 세상에서 신앙인으로 살아가는 법

초판 발행 | 2022년 5월 31일

지은이 | 스탠리 하우어워스 · 새뮤얼 웰스
옮긴이 | 민경찬 · 윤혜림

발행처 | 비아
발행인 | 이길호
편집인 | 김경문
편 집 | 민경찬
검 토 | 손승우 · 이광희 · 정다운 · 황윤하
제 작 | 김진식 · 김진현 · 이난영
재 무 | 강상원 · 이석일 · 이남구 · 김규리
마케팅 | 유병준 · 김미성
디자인 | 손승우

출판등록 | 2020년 7월 14일 제2020-000187호
주 소 | 서울시 강남구 봉은사로 442 75th Avenue 빌딩 7층
주문전화 | 010-2088-5161
이메일 | innuender@gmail.com

ISBN | 979-11-91239-12-6 03230
한국어판 저작권 ⓒ 2022 ㈜타임교육C&P